文明の進歩は
人間を劣化させ
人類を滅ぼす

山田耕治

五曜書房

はじめに

本書は、学問や理論の書ではありません。人間と、人間が造ってきた文明社会の正体を直視するという試みに、挑戦するための書です。

ものには、真実があります。誰が何と言おうと、真実が変わることはありません。どうぞ、貴方自身の目と心で真実を見詰めてみてください。特に、これから長い人生を迎える若い人たちは、人間と己を取り巻く文明社会の正体を充分に知った上で、人生を生きることが大切です。

「知識があって、常識が無い」「高学歴、低教養」といわれる人間が大量に出現した現代、これから先、日本はどうなるのでしょうか。

「常識」とは、一般の人が誰でも知っていることです。又、知らなければ普通の人といえない知識のことです。

「教養」とは、色々な意味がありますが、要約すると、良い社会人として生きる為の、判断力や知識のことです。

日本国中、寝ても醒めても、教育や学校に係る問題が、沢山取り沙汰されているのに、常識と教養という基本的な教育がなされていない。その為に、社会の到る処に、嘘や暴力が充満して沢山の人が犠牲になっています。その原因は何か。


人類は、今、存亡の危機に瀕しているのではないだろうか。その原因は、人類が長い年月を掛けて、造り上げて来た文明にあるようです。文明が進歩しすぎて、本来の目的を逸脱し、その結果、主体である人間が、著しく、劣化してしまいました。果たして、どれだけの人がそのことに、気が付いているでしょうか。

人間は、時代と共に生きなければならない宿命にあります。それは、生まれた時から、時代は身の回りにあるからです。魚にとって水のようなものです。他の水を知りません。人間も、学習しない限り、他の時代がわかりません。他の時代を学習するためには、その必要性を感知する叡智の働きが無ければなりません。そうして、別の時代を知ることによって、現代の正体が見えてきます。そして、現代に生きる行き方も分かってきます。多くの人は、その叡智が全く働いていない。生まれたときから、そこにある時代というものに少しの疑問も抱くことなく、日々を暮しているので、時代の流れに流されて生きているのです。
ものごとの正体を見るには、先ず、疑問を抱くことです。すべては、そこから始まります。

人類の歴史を遡れば、生命の起源に行き当たります。地球上に生命が誕生したのは、何時の頃か分かりませんが、いずれにしても、火の玉であった地球が、少しずつ、冷えて、表面が、液体や固体になってからのことです。

多分、最初は、一個の細胞から始まったのでしょう。雷の放電か何かの、自然現象によって、アミノ酸のようなものが合成されたのが発端なのかも知れません。地球以外の天体に生命の起源があるのかも知れないとして、探査をしているが、未だ、見つかっていない。

最初は、単細胞生物ができて、進化して多細胞動物になり、生殖を繰り返しながら、多種多様な生き物に分化し、高等動物になったのでしょう。

六千万年前には既に、恐竜が地球上の支配者のように進化していたのが、巨大な隕石の衝突によって、絶滅してしまいました。厳しい環境に耐えて生き残ったのが、身体の小さい動物たち、人類の祖先もその中にいたのです。

七百万年くらい前から、人類としての進化が始まりました。恐竜の絶滅から見れば、最近のことです。進化のもとは、類人猿、チンパンジーです。森の中の樹上生活から、草原に出て地上生活をはじめ、二足歩行をする様になりました。直立姿勢です。そのため、バランスがとり易く、発達して重量の増した頭脳を支えることができるようになりました。

二足歩行で不要になった前足は手に変わり、筋肉や神経が、繊細で、巧妙な動きができるようになりました。もう一つ、人類進化の要因は、雑食性です。雑食性動物は食物を手に入れ易いために、棲息地域が広範囲になります。又、季節変化への対応も幅が広がります。その上、摂取する栄養素が豊富なために、肉体の成長にも活動力の増大にも大きな利点となります。人類の体のサイズや運動能力は、雑食性の恩恵を受けています。

これら幾つかの利点が重なって人類は、他の動物には見られない急速な進化を実現しました。現在の、人類の体型も、これら諸条件のバランスによって、決まっているのです。

食糧が手に入り易いと、人口は、増加します。そして集団生活が可能になります。集団生活による共同化は、個人の力や能力を遥かに、上回ります。文明の進化は、人間の協業化によるものです。人類は、地球上の到る処に分布するようになりました。総人口七〇億人を超えようとしています。

こうして進化した人類は、先進地域を中心に、文明なるものを発展させてきました。文明とは、人間が、生活を、便利で豊かにするために工夫したものの集積です。

原始時代には、食糧は、自然界にあるものに限られていました。生きることが不安定です。それが農耕と牧畜を始めたことによって格段に安定しました。これが文明の始まりです。文明は、成熟すると、崩壊する宿命を背負っているようです。


十八世紀、蒸気機関が発明され、動力革命によって、物の生産力が飛躍的に増大しました。産業革命です。人間や動物の力に頼っていた生産を、蒸気の力に代えたのです。馬車は汽車に代わり、帆船は汽船になって、風が頼りの航海から、天候に左右されない航海に変わりました。

人間の力によって、細々と生産していた時代は、物を大切にしました。産業革命によって大量生産されるようになると、物は余ります。節約から、大量消費へと大きく変わらなければなりません。物を大切にしない時代への突入です。

大量生産は全てが良いという訳ではありません。マイナスも沢山あります。資源やエネルギーを大量に消費します。それは、地球からの収奪で賄われます。特にエネルギー源の化石燃料は、古代の生物たちが、長年に亘って、太陽エネルギーを取り入れ、大気中の炭酸ガスから炭素を分離し、固定化して、それが地下深くに、眠っていたものです。エネルギーを必要とする為に、それを掘り出して、エネルギーを取り出し、炭素をもとの炭酸ガスにして、大気中に戻してしまいました。その為、地球は温暖化しています。消費をすれば、当然ゴミも出ます。陸上も海水も汚染が深刻な状態です。誰もが分かっています。でも、止めようとはしません。

人類の頭脳が飛躍的に、進化しました。一般の動物にも頭脳はあります。それは、肉体の動きをコントロールするためのものです。一定のリズムで内臓器官を動かす自立神経と、外部の動きに合わせて、手や足や食物をたべるなど随意に身体を動かすための頭脳の働きです。

人間の頭脳には、知能という働きがあります。記憶と考える能力です。考えるという次元には、現実世界にあるような制約はありません。距離や時間、重さや大きさ、暑さや寒さ、色や形など、現実の世界には様々なものが制約となります。知能の領域には、何の制約もなく自由に考えることが出来ます。元々、何も無いからです。有るのは、「想念」だけです。

頭脳は、広大無辺な宇宙の中を、自由自在に動いて考えを巡らすことが出来ます。その為には、考えるための、基礎となる知識と、理に叶った思考回路が必要になります。
又、頭脳には、人によって、特質が違います。数理に強い知能もあれば、数理には弱いが、造形には強いなど多様性を持っています。こうして、知能の働きは、無限大の空間を飛び回るようにして、ものを考えます。人はそれを空想といいます。人間は、絶えず、現実と空想の間を行き来して生活しています。空想が自分の好みと合致すれば、実現しようと願います。このように様々な頭脳をもった人間が集団で社会を造り協力すれば、沢山の成果を挙げることできます。それが文明発達の原動力です。

ものごとの正体を知るとか、本質を見極めるためには、そのものの、因って来たる所以を知ることが大切です。ものごとの原点を見ずに、先端ばかり見ていたのでは、本質を見逃してしまいます。過去があるから未来があります。「温故知新」です。こんなことは、誰でも知っています。しかし、現代人の大部分の人は、認識していません。（古い物なんか、用は無い）と思っているのがその証拠です。人間が年齢を重ねると老人と呼ばれるようになります。若い人たちの中には、古びた鞄を見るような目で一瞥を流します。鞄の中が見えないのです。老人には、長い人生経験によって蓄積された貴重な宝が一杯詰め込まれています。若い人が望めば喜んで分けてくれます。しかし、誰も近づく気配を見せません。

人類がものを考え、その結果、高度な文明を造り上げた、その原因の一つに言語があります。言語とは、人間がものを考えたり、認識したり、記憶したりする為の記号です。言語が無ければ、人間の知能は全く機能しません。ものを見ても、何を見たのか分かりません。見たのは分かりますが、その場を過ぎれば、終わりです。言語があれば、ものごとに、言語で記号を付け、認識し、記憶にも留めます。言語を音声にしたものが、言葉です。言葉は、他人との間のコミュニケーションに使うものです。人間が集団生活をする為には、情報の共有は不可欠のものです。コミュニケーションは、人間集団を一つにまとめ、強力にします。累積の効果です。それが文明発展の大きな原動力です。

産業の発展に大きく貢献し、物質的豊かさを実現した功績の主役は、何と言っても、それは、資本主義でしょう。資本主義は、富を増やすことを目的とした経済システムです。資本を投下し、生産設備を造り、労働者を雇って働く場を提供し、商品を生産します。それを販売して、利益を挙げるのです。民主主義、自由主義の社会に適した経済システムです。

自由主義社会は、競争の社会です。競争は発展の原動力です。強者は発展し、弱者は敗退します。富は、一部の人の手に集中的に集まります。ここに問題があります。資本家が生産した商品を販売する相手は、一般大衆です。その多くは労働者です。労働者階級に金が無ければ、商品は売れません。やはり、労働者にも、富を分配しなければ、資本主義は成り立ちません。富の分配とは、先ず、雇用の安定です。しかし、現代の資本主義は、強力に成長した資本力によって、富の寡占化を図っています。貧富の差が生まれ、格差社会になって来ました。格差社会は、長続きしない社会です。近い将来、必ず崩壊します。歴史上多くの社会革命がありました。その発端となったのが、貧困と格差です。

日本には、終身雇用という社会形態がありました。一度就職すれば、特別の事情が無い限り、定年まで、雇用が続くのが一般的でした。労働者も生活が安定するために、雇い主である企業に、忠誠を尽くしたものです。そして、社会は安定し、人々は、平和な生活を送っていました。これを外国の人たちは、「日本的雇用」といって盛んに研究したようです。競争社会と共生社会との違いです。

グローバル化の時代になり、目の前の競争が激しくなり、情勢変化の速度が、極端に速まったので、企業は、経営のリスクを雇用形態に転嫁して逃れようとしました。終身雇用などとのんびり構えることが出来なくなったのです。

今や、勤労者の三〇％を越える人達が、臨時雇いと言われています。これでは、生活の安定などとても望めません。その結果、結婚しない若者が増加し、結婚しても、共働きや経済的理由で子供を造らない夫婦が多くなりました。少子化です。生き物にとって少子化とは、絶滅危惧種の初期段階です。

こうして細部を見ていくと、冒頭に述べた、人類の危機が、現実味を帯びてくるのがお分かりになるでしょう。

巨大なテーマに取り付いてみましたが、理も論も蛇行の繰り返しになりそうです。
どうぞ、目次をみて、興味をお持ち頂いたところからお読みいただけたらと思います。

令和元年八月

文明は人間を劣化させ民族を滅ぼす／目次

第三章　文明と文化……135

第一章　人間

一　生命

生命とは何でしょうか。色も形もありません。人間は、生命体です。

生命とは、人間の身体をつくり、その身体に、生命活動をさせるもの、とでも言ったらよいでしょうか。例えてみますと、人間が自動車を造り、それに乗って、走らせているようなものです。

生命は、宇宙の中で、この小さな地球にだけ存在するもののようです。盛んにロケットを飛ばしてみたり、宇宙望遠鏡で探したりしているようですが、未だ、生命の存在は見つかっていません。

愚考するに、夜空に輝く無数の星には、高温のため、先ず、生命は存在しません。低温の惑星はどうでしょう。温度と水です。この二つが、生命現象の必須条件です。丁度良い状態が何処かにあれば、そこに生命が存在する可能性はあるでしょう。未だ、見つかっていません。

我々の生命を造ったのは、地球です。その地球の能力を「神の業」と考える人たちは沢山居ます。太陽からの距離が、微妙な地球環境を作り出したのです。低温は、摂氏マイナス二七三度、高温は、何万度という、自然界の幅広い温度帯の中で、僅かに摂氏〇～一〇〇度の間にしか、液体の水は存在しません。（厳密には、気圧によって、変わります）地球以外の天体に、水の分子は存在しても、気体か個体で、液体の水が存在する条件が整っていないようです。それで、果たして、生命が存在するでしょうか。これから先は、専門家の領域です。

素人が考えても致し方ありませんが、生命の発生は、何かの自然現象によって、蛋白質の元になるアミノ酸が出来たのでしょう。

それから、原形質や細胞や葉緑体が出来ました。それが、生命現象です。真実は誰にも分かりません。分かれば、その人は、生命を造ることができるわけですが、未だ、生命を造った人はいません。

最初に出来た単細胞生物が、多細胞生物に進化し、更に、多くの種類の植物や動物が誕生しました。生命というものは、地球上に限らず、何時、何処で、どのようにして出来たものか分かりませんが、（多分、地球と太陽との関係が微妙に作用して、偶然に、生命をつくったのでしょう）。最初に出来た生命が、延々と続いて、現在の地球上の全ての生き物をつくり、その身体の中に生きているのです。地球上には、動植物併せて数百万種が存在すると言われています。一つの生命が分化したのでしょうか。

こうして見ますと、生命というものが、如何に貴重なものか改めて認識することができます。その生命が、何億年もの間、沢山の生命体を造りながら、生き続けてきたお蔭で、今日、人間一人ひとりが生きて居るのです。大切な命の連鎖を断ち切るようなことは、絶対にしてはならないのです。

黴《かび》の生えた幼稚な、生命の話を持ち出したのは、世の中が、人間の命の大切さを忘れて、金儲けに現《うつつ》を抜かしているからです。

二　肉　体

人間は、肉体でできています。人間は、脊椎動物です。脊椎動物には、メダカのように小さなものから、鯨のように巨大な動物も居ます。身体の構造は、皆、同じです。体の中心に、一本の脊椎が通っていて、その先端に頭があります。頭には、中に頭脳があり、外側には、口が一つ、目、鼻、耳がそれぞれ二つあります。このことの意味するものは、進化の源は同じということです。肉体は、骨格と筋肉と内臓、それらをつなぐ血管や神経などによって構成されています。生きる為に必要な栄養は、外部から取り入れています。

人間の肉体はどの様にして造られるのでしょうか。肉体を造るのは、親の生命です。その過程をざっと見てみましょう。

母親と父親の生殖組織の中で、それぞれ、卵子と精子が造られます。それが合体して、受精卵となります。この受精卵が、母親の胎内に着床した時が、新しい生命体の始まりです。臍帯でつながり、母親の血液から、必要な栄養を吸収します。野菜の水耕栽培に似ています。植物の種子が地に落ちて、発芽するようなものです。そして細胞分裂を繰り返しながら、肉体の各器官を造ります。器官を造る細胞は、それぞれの器官専用の細胞です。例えば、心臓を造る細胞は、細胞の段階から鼓動しています。この細胞を人工的に造り、臓器を造れば、病気や怪我をして機能しなくなった臓器と入れ替えることができる。ドナーを探す必要がなくなる。現代の医学は、大変に進歩しています。

肉体には二つの要素があります。一つは、肉体の構築です。もう一つは、肉体の活動です。肉体を構築するには、蛋白質、カルシウムその他、多種類の栄養が必要です。

肉体の活動に必要なものはエネルギーです。エネルギーの元は、太陽の光です。植物が、葉緑体の中で、大気の中から取り入れた炭酸ガスと地中から吸い上げた水を化合させて炭水化物をつくり、余った酸素を排出します。この過程でできる炭水化物に太陽エネルギーを吸収させているのです。

人間は、炭水化物を食べると同時に、酸素を取り入れて、元の炭酸ガスと水に戻します。その時、そこに含まれていた太陽エネルギーを取り出して利用するのです。

人間を造る生命というものは、正に、神業を持つものです。この生命の不思議と比較したら、人間の知恵などは、足下にも及ばない幼稚なものです。

一個の受精卵から始まった人間は、一年足らずの間に、数兆個と言われる数の細胞に分裂し、一人の人間をつくります。重さは、三キログラム余りです。最初にできるのが、頭脳です。手足が一番後になります。立って歩ける様になるまでには、受精卵から、二年ほどの時間が必要です。半分は、胎内で過ごします。歩けるようになるまで、胎内に居ると大きくなり過ぎます。そのために、途中、大きさの限界がくると、陣痛が始まり、胎児を押し出します。出産です。最初は、歩くことはおろか、座ることも這うこともできません。手足は、全く未熟です。しかし、頭脳は、ほぼ、完成しています。

草原に棲息する草食動物は、四足が出来上がってから生まれてきます。生まれると直ぐに立って歩き始めます。そうでないと生きられないのです。親は、草を食べながら群れと共に移動します。生まれた子供に拘わっていられません。子供はついていかなければ、死んでしまいます。

人間は違います。一年間、母乳で育てられます。その頃に漸く歩ける様になります。一方、頭脳は、ほぼ完成に近い状態で生まれてきますので、哺乳の間に、言語を学習します。教えるのは、母親です。一年経過すると、大方の言語は、習得します。

肉体は、生命にとって、活動するための大切な乗り物です。否、それ以上の関係です。生命と肉体は、不即不離の関係です。肉体が壊れて活動することが出来なくなれば、生命も終わりになります。又、生命活動が終われば、肉体は消滅します。そのために、生命を未来に繋《つな》げるためには、子孫を残さなければなりません。

肉体は、親の胎内で発生し、成長を始めます。ある程度、出来た時に、誕生します。その後、成長を続け、十五歳を過ぎる頃から成人になります。肉体的に成人しても、文明社会に適応するためには、更に、何年かの時間を掛けて、多くのことを学習する必要があります。これによって、社会人として通用する成人になります。

成人すれば、自立して生活し、相手を求めて結婚します。子供を育てるのに二十年以上の歳月がかかります。子供たちが独立して、親の元を去る頃には、老化が始まります。あとは、余生です。余生は成り行きに任せて生きるのが自然です。

肉体には、寿命と言うものがあります。細胞は、絶えず再生して新陳代謝を繰り返していますが、新しく造る細胞が次第に劣化するのです。人生八十年時代といいます。この間、心臓は休み無く脈を打ち続けます。からだ中に血液を送り続けるためです。一説によると、動物の生涯の脈拍数は、皆同じという。脈拍数の早い動物は、短命ということです。過激な運動で心拍数をあげることは寿命を縮めるかもしれません。

人間というものを、原点に立って観察すると、人生は、生きることと、子孫を残すことに尽きます。この二つが満足に達成できれば、その人生は、満点ということです。

肉体は、永遠ではありません。いずれ消滅します。原因は多々あります。病気や事故によるもの。老化によるもの。これらの複合もあります。こうしたことは全ての生き物に共通していますが、特に、生死を意識するのは人間だけです。理由は、人間には自意識というものが有るからです。この自意識が人間の、非常に重要部分です。自意識が人生を左右しているからです。

個体としての生き物は、全て、消滅する運命にあります。自然の状態で生存する長さを寿命と言います。寿命は、生き物の種や生息環境によって異なります。日本人は、近年、寿命が八十年を越えたと言われています。医学の発達と生活環境や食物が良くなったことなどが、大きく寄与しているのでしょう。本当に喜ばしいことです。しかし、長寿を手放しで喜べない人間も少なからず居るというのも現実です。それは、生きることが大変なことと、生きている喜びが無い人間のことです。

三　頭脳（本能と知能）

頭脳は脊椎動物の全てが持っている器官です。人間の頭脳は、特に進化が進んでいて、他の動物にはない機能を持っています。人間は何故、この様に頭脳が発達したのか本当の原因を知りません。聞くところによると「脳科学」という学問があるようです。一度、学習してみたいと願っていますが、未だ、チャンスがありません。

頭脳は、肉体をコントロールするための指令塔です。臓器を休み無く、リズミカルに動かすのは、自律神経であり、又、必要を感じ取って肉体の各部分を動かす随意神経も頭脳の働きです。こうした頭脳は、全ての動物も持っています。

人間の頭脳には、別の機能があります。その機能が作り出すものを「心」と言います。人間は、心を持った動物です。その心とは、一体、どの様なものでしょうか。

心に似た言葉が幾つかあります。精神とか魂とかいう言葉です。学問的な知識はありませんが、これらの言葉がどのように違うのか、素人的に考えてみます。神社に例えてみると、心は、境内です。精神は境内の景色です。魂は神殿です。曖昧に言えば、どれも神社を表現していますが、少しずつ違います。心を表現する言葉が色々あるということは、心というものが、一言で言い表すことが出来ないほどに複雑なものなのでしょう。

人間の心が厳密には、どの様なものか分かりませんが、日常的には、この程度の認識で過ぎています。

頭脳が作り出すものは、色々ありますが、心と重なるような位置に、情というものがあります。情とは何か、ふと考えてみると、心の色合いのようなものです。

さて、人の心を作り出す「知能」は、頭脳が発達して生じたものです。知能の働きの程度を表現するのに、知能指数などという尺度まであります。知能が機能するものは、思考力と記憶力です。この機能が優れている人間を頭の良い人間といいます。

生まれついての、知能の程度は、先祖から受け継いだもので、本人では如何することも出来ません。しかし、知能の使い方は、別です。知能の使い方は、本人が学習して会得するものです。コンピューターの本体と、それに組み込むソフトの関係です。人間が、人生を生きるために必要なプログラムとはどのようなものでしょうか。それは沢山あります。

現代では、人間は、社会の中に入って、周囲の人間と協調しながら生きなければなりません。生活経済を維持するにも、社会の中で沢山の人間との関係を上手に処理しなければなりません。これも知能の働きの結果に掛かっています。社交性です。しかし、この基本的なものが身に付いていない人間が増えてきました。人間関係の処理が上手く出来ず、社会から孤立し、その為に犯罪やトラブルが多発しています。そして、社会全体を不安定な状態に、しています。

頭脳には、知能より先に、本能というものがあります。動物が生きるための基本的な能力です。主たるものに「食欲」と「性欲」があります。

食欲は、生命の拠り所である肉体を、正常に維持するために、食物を食べて栄養を補給するためです。その信号が空腹です。その空腹を満たすための食欲は、強力な欲望です。

性欲は子孫を残すための原動力で、自然が与えた欲望です。子孫を残すという考えは、理性です。知能が充分に機能していない状態では、理性はありません。理性が働かなくても、子孫は残さなければなりません。性欲はその為の本能です。食物を手に入れることや子供を産んで育てることは、大変な苦労が伴います。強力な動機付けがないと、誰もやりません。そのために、生命はこの二つの行動に大きな魅力を持たせたのです。これは、神聖なもので、犯すことの出来ない領域です。生き物ならば、絶対に守らなければならないものです。

それなのに、本能以上に発達した知能が、悪知恵を発揮して、本来の使命を骨抜きにして、美味しいところだけを享楽の種にしてしまいました。更にそれを、金儲けの手段にしています。その結果、天罰が下り、人間は、弱体化し、子孫は先細りです。

本能には、もう一つ、自己防衛の本能があります。生き物が生きるための重要な本能です。これも強力です。

これら本能に由来する欲を「自我欲又は、自我」と言います。人間は生まれると直ぐに、この自我が固まり始めます。人間にとって大切な自我は自分が生きるためだけのものですから、社会人として、協調しながら生きるのには、障害になることが発生して、社会生活の妨げになります。そのために自我を抑えなければなりません。自我を抑えるものは理性です。理性は、自然に身に付くものではありません。知能の働きを使って育てるものです。自我と対抗してこれを抑えるには、理性にも強い力が必要です。自我が強力になる前に、強い理性を心の中に、育成しなければなりません。その為には、生後間もない頃から始める必要があります。自我が強くなった後では、理性の受け入れが出来ません。その結果、自我の強い人間になってしまいます。

自我がそのまま外に出る状態を「我がまま」と言います。我がままな人間は、円滑な社会生活ができません。その結果、人生の落伍者になります。

現代の社会には、我がままな人間が多くなりました。そして社会が不安定になりました。

理性とは、人間の正しい生き方を基本にものごとを考えることです。これでは漠然としていて、よく分かりません。そこで、先人たちが、考え出し、大切に守ってきたものがあります。それが、「道徳」です。

道徳が守られている社会は良い社会です。道徳を弁えた人間は、上等な人間です。


人間には、「個人名」があります。他の動物には、個体ごとに認識する為の名前はありません。（人間が何かの都合で付けた名前は別です）人間の持つ個人名にはどんな意味がありますか。

生き物には、種族と個体があります。個体は種族を構成する中の一個です。全部が同じです。

個体が生きている時間は、比較的短いものです。種族は、絶滅しない限り、永遠に、生命を維持しています。生き物の一個一個が個体として、独立して存在することはできません。種族全体の一部として生存しているだけです。

人間も同じです。しかし、人間はどこか違っています。個体である人間一人ひとりが、独立して生きているという意識を持っていません。人類という種族を意識していません。人類と言う種族の一部分であるということを、忘れているのです。人間だけが、個体が、種から独立した生き物であると思っています。人間は、個人個人に、名前をつけています。個体識別のためです。古今東西この一つだけです。この意味をよく考えて見ましょう。すくなくとも、個体という意識が全面に出てきたのは、知能の働きによる「自意識」によるものです。この自意識が他の動物との決定的な違いです。

種族が生きる道はチームワークです。チームのメンバーが、自己中心になって、チームワークを無視したら、チームは成り立ちません。今、個人の人間が、人類という種族の存在を忘れたので、チームワークが乱れてきました。そのために、人類が危機に直面しています。

個体の自己意識が、母体の種族を無視する様になったのです。無視された種族は、やがて消滅する運命にあります。これは、知能が発達し、個人が、種族を置き去りにして、勝手に走り始めたからです。

四　言語

　言語は、人間が、知能を働かせる為に、無くてはならない記号です。言語を音声にしたものが言葉であり、形にしたものが文字です。

　人間は生まれた時には、知能の中には、言語はありません。只、胎内で、生まれる直前の頃には、頭脳はかなり発達しているので、外部から伝わってくる音響の影響を多少受けるかも知れません。しかし、影響が有っても、僅かなものでしょう。

　幼児は、生後、一ヶ月もすれば、知能はもちろん、目も耳も鼻も立派に機能する様になります。これらの感覚器官を通して、多くの情報が次々と入ってきます。その情報を特定して認識や記憶するには、情報の一つひとつに記号をつけなければなりません。それが言語です。幼児は言語をどうして学習するのか、それは、周囲にいる人達、特に母親から学習します。

言語が用を成すのは、人間の知能の中だけです。外部との関係で使うためには、音や文字で表現しなければなりません。幸い、言語は、耳から入って来る言葉によって学習するので、言葉と言語は同時に学習することができます。

音声の音源は、声帯です。空気の出し入れで、一〇〇種類もの音声を発することは、人間の声帯が如何に精巧な器官であるか、驚きの一語です。その上、知能の指示に従って、如何なる音の組み合わせも、瞬時に声として発することができます。人間の頭脳と声帯の連携動作は驚異の器官です。インカ帝国の人々は文字を持たなかったために、発達していた文明や文化は、石垣が残っただけです。

文字は、人間の想念を、時空を超えて、他人に伝えることができます。地球上の如何なる場所、又、何年後でもできるということです。

知能は、言葉を沢山学習することによって、活動の範囲が何処までも広がります。生まれ付き、優れた知能を持っていても、学習する言葉が貧弱であれば、知能の働きは言葉の範囲内でしか発揮することができません。言葉の大切さを再確認することです。

言葉は、知能の働きを左右するものです。大切にしなければなりません。最近、「言葉が命」のマスコミ関係の人達が発する言葉が、大変に粗末なものになって来ました。自分勝手に作った省略語や駄洒落が横行しています。本来、「洒落」とは、会話に粋を添えるものです。大変上等なものです。「駄洒落」は、駄目な洒落で、会話の品格を下げてしまいます。駄洒落を連発して得意満面としているマスコミ関係者や文化人と称する人たち、何も分かっていないようです。気の利いた指導者もいないのでしょうか。そんなことより、金儲けの為の、大衆受けを優先しているのでしょうか。言葉は人間の心を表現する重要なツールです。決して粗末に考えてはいけません。

言葉はその人の心の中に在る想念をもとにして組み立てるものです。一度発してしまうと元に戻すことはできません。時には、その発言が大きな問題になることもあります。(ついうっかり口が滑った）と言っても、言い訳にもなりません。人生を誤ってしまいます。そのため、言葉は両刃の剣ともいいます。うっかり抜くと自分を傷つけてしまいます。剣法を知らずに、抜き身を振り回すのは、大変に危険なことです。言葉の重要性を認識しなければなりません。言葉は、口から出す前に、必ずチェックすることが必要です。

五　生きる力（体力、気力、知力）

人間の寿命は、日本人の場合、八十歳を越えました。長いか短いか、人、それぞれによって感じ方は、違いがあるでしょう。平均寿命を越えるまで生きることを、天寿を全うするといいます。如何に文明が進化して、人間が生きる条件が整備されても、主役の人間に生きる力が無ければ、天寿を全うすることは、出来ません。全ての人間が、一人ひとり、生きる力を持たなければならないのです。生きる力の大切さです。

生きる力とは、体力、気力、知力を総合した力です。

人間の身体を、建物に例えてみると、建物には、基礎があります。建物を建てる地盤は、自然のものですから、支持する力は一定しません。地盤に合わせて、建物を支えるための基礎を造ります。時には、数十メートルのコンクリートの杭を打ち込むこともしばしばです。その上に、土台を据えて、柱を立て、梁を渡し、構造体を組み立てます。この基礎と構造体が、如何なる災害にも耐えて、長期にわたって、建物を、安定させ、安心して、居住することが出来ます。次に、外装と内装があります。外装は、屋根と外壁です。外装は、機能的には、外界との区切りで、感覚的には、建物の装いです。屋根や外壁が、常に変化する自然環境を遮断して、居住する人間にとって快適な環境を造り出します。装いは、人間の感性を満足させるものです。内装は、建物の使用目的に合わせた機能性と心が求める快適さです。

人間に当てはめると、良い建物は、強靭でスマートな肉体、繊細でタフな神経、豪胆で包容力の大きなハート、そして知性を持って前向きに生きる人間のことです。

人間が長い年月に亘って、活動しながら生きるためには、それに耐えることのできる丈夫な肉体が必要です。生きる力を強くする為に、体力を強化しなければなりません。この体力強化は、何時、どの様にすれば良いのでしょうか。

体力は、骨格、筋肉、内蔵機能の三者が基本です。骨格や筋肉の強化には、必要な栄養を充分に摂取し、骨格と筋肉に、満遍なく負荷を掛けることによって造られます。要約すれば、食事と運動です。食べ物には、基本的に、二種類があります。身体を活動させるためのカロリーを補充するものと、骨格や筋肉その他、躯体を造る材料になるものです。空腹感は、カロリー補給を求める信号です。そのために、気をつけないと、カロリー食に片寄ってしまい、肉体の強化をすることが出来なくなってしまいます。必要な栄養が充分に摂取できる食事をしなければなりません。

身体に対する負荷の掛け方も重要です。全体に、満遍なく、ある程度の限界まで掛けなければなりません。ここで間違えてはならないのは、スポーツと運動は、違うということです。スポーツは、競技です。特定の技の競争です。たまたま、身体を使って競技をするので、体育の為の運動と混同されるのです。スポーツも運動も、動かした筋肉は発達します。スポーツは、特定の筋肉のみになります。往々にして、筋肉や骨格を壊してしまいます。競争が目的のスポーツだからです。

内臓は、身体全体が活動するために必要な栄養を、食べ物を消化して、吸収し、肉体の各部分に供給する役目を担っています。肉体が、活発に、活動して、栄養を必要とすれば、内蔵も連動して、活発に活動します。そして、丈夫な内臓になります。

骨格に負荷を掛ければ、骨格は、骨材を補充して強化します。筋肉に、負荷を掛ければ、筋肉は肥大し、強力になります。反対に、必要のないものは、例外なく、退化します。人体の不思議です。躯体と内臓をバランスよく強化しなければ、強い肉体は、出来ません。

加えて大切なことは、「体力をつける時期」です。建築で柱や梁の工事に掛かってから、基礎の強化をしようとしても、それは出来ません。まして、建物が完成してからでは、全く不可能です。

人間の体力つくりを始めるのは、幼児期です。急速に成長する肉体に、適度な負荷と栄養を与えれば、どんどん強化されます。成人してからの筋トレは、手遅れです。部分的になってしまいます。均整の取れた肉体は、その基本を幼児期に造っておかなければなりません。毎日何時間もスマホやゲイムに集中している子供は、生涯、虚弱体質の憂き目をみなければならないでしょう。

生きる力に、気力は不可欠です。気力は、病気さえも癒します。気力は、意欲とか、精神力などと言われるものです。気力は、人間が行動する原動力です。何かの困難に直面した時に、頑張れと励ましても、もういいよといって、諦めてしまう。気力が弱いからです。

若者たちの中には、学校を卒業し、就職しても、一年足らずの間に、「この仕事は、僕の趣味に合わない」といって、止めてしまうものが増加しているという。職業を得て、働くことは、人間が、生きるための、基本なのに、働く気が無い。心に、生きる意欲がないことです。生きるということは、ぬるま湯に浸かるような、生易しいものではありません。時に、死闘を繰り広げるような、厳しい場面が沢山あるかも知れません。それを乗り越えて、生きるのです。学校で、苛められて、自殺するようでは、とても、人生の荒波を乗り切ることは出来ません。

人生の目標は生きることです。仮に、ボロボロになっても、生きることに拘る気力が必要です。人生で生きることより大切なことなど何処にもありません。

どうして生きる力のない人間が増えたのでしょうか。それは敗戦後の日本の指導者たちが、大きな誤解をしていたからです。子供は「少なく産んで、大事に育てる」という標語を流行させた時期がありました。「大事に育てる」の意味を間違えたのです。

知力は、知識を記憶する力と、考える力です。頭脳には、別に、本能があります。本能は、生き物が、自然の中で、生きるための能力です。本能には、考える能力はありません。生まれた時に既に身についていたものが、ストレートに出るだけです。

知力は違います。生後、蓄えた知識をベースに、考えたり、判断したりして、次への対策を立てます。

知識は、社会の共有物です。研究や教育が進んで、社会には、知識の蓄積が膨大なものになりました。人間は、その全てを、記憶することは出来ません。細分化します。更に、それが専門化します。細分化と専門化が進んで限られた分野に生きる人間を、専門家と言います。専門分野は、社会全体から見れば部品です。益々、小さくなり精巧さを増します。集めて組み立てなければ役には立ちません。総合化することが必要です。

進化した文明社会の中で、総合化と言う役割は、大変な力量がなければ勤まりません。専門家ほどの深さは無くても、広範な知識と、纏め上げる知能が要求されます。現代の社会では、専門化に偏りすぎて、力量のあるジェネラリストが不足してしまいました。ジェネラリストに求められる能力は、知識の量より、幅のある思考力です。世の中が豊かになると、思考力の優れた人間が居なくなります。人間の思考力が発達する幼児期に、思考力を育成しないからです。幼児たちが、考える場面に到達する前に、大人たちが答えを与えてしまっています。思考力を育てる場面がないのです。学校でも同じです。テストでも〇×です。答えは既に出ているのです。

玩具を与えます。積み木、塗り絵、プラモデル全て出来上がったものばかりです。型に合わせて組み立てる、線に沿って色を塗る、図面に合わせて接着する、スイッチを押せば、動き出す。ＴＶを見れば、三択のクイズ、一日のうち、十時間もスマホを見詰めている若者、思考力を使うところなど全く無いでしょう。結果だけが与えられるのです。至れり尽くせりの環境で育つ子供の頭脳の思考力は全く発達しません。

体力はひ弱、気力は無く、考える力もありません。知識だけが溢《あふ》れる程、詰め込まれた若者は、人に命令されなければ、何も出来ない人間に成ってしまいます。言葉は、悪いけれど、ロボット以下の人間です。

現代の人々の知識は、豊富になりました。それが生きる為に役に立っていない場面が沢山あります。進んだ研究や学習が、生きるための知力になっていないのです。

交通事故は多発している。沢山の人間が、無意味な欲望に引きずられて、いとも簡単に、罪を犯す。そして、一度しかない人生を失っている。何故、繰り返されるのですか。損得勘定をすれば、子供でもわかることが、何故わからないのですか。これは、人間がものごとについて本当に考える機能をなくしてしまった証です。

学校が無かった時代、人間は、立派に成人し、人々が平和に暮らすことのできる社会をつくっていました。

子弟の教育に、莫大な人や金をつぎ込んでいる現代、何故に、人間がこのように、駄目になってしまったのですか。脱落する人間は、生まれ付き能力の低い人間ではありません。むしろ、能力も教育も人並み以上に優れた人間が沢山含まれています。それは、教育のポイントがずれているのです。大切なことが教育から脱落しているのです。


幼児から成人になるまでの十八年間、親たちは、何を教育しているのですか。本当に必要なのは、人間として生きるための能力を、身に付けさせることです。ところが、現実は、他人の金儲けの為の手先に使ってもらう為の教育に没頭している。自力では、動くことも、考えることも出来ない人間、ただ、使われやすいだけの人間になるための教育や、学習を子供に受けさせている。こうした現実に、少しの疑いも持たない。これでは、生きる力の弱い子供が、増えるのは、防ぎようがありません。

自分の意志と力で自立することができる人間が正常な人間です。

六　人間の一生

現代の日本人は、平均寿命が八十年余りと言います。人間が生まれてから死ぬまでを一生と言います。人間の一生は、基本的に、三つに区切って考えることが、一番分かり易いと思います。

第一期　生育期。生育期は、生まれてから、成人するまでの期間。0歳から十八歳まで。この期間には、幼児期や少年期があります。少年期の終わり頃、思春期があります。思春期が過ぎると、男性と女性の区別が生じます。そして、成人期に入ります。

第二期　成人期。人間として、働き、自立して生きる期間です。十八歳から六、七十歳まで。この期間は、経済的自立と、結婚をして家庭を造り、子供を育てて自立させる、更に、老後に備えて、経済的備蓄をし、老後生活の準備をする。成人期の終盤に更年期が訪れます。更年期が過ぎると、男性と女性の区別が無くなります。これから先が老後です。

第三期　老後期。肉体的には、自立して、社会生活をすることは出来ません。働くことが出来なければ、一般の動物なら、生きることが出来ません。人間は、成年期に老後の為の、備蓄をします。預貯金と年金です。他に、不動産収入などです。どれだけ生きるかは、健康次第です。

この三期間について、もう少し、細かく、観察して見ます。

受精卵が、母親の胎内に着床して十ヵ月余りで、一人の人間が、大方、出来上がります。この間は胎児期です。そして誕生します。年齢は誕生した日を基点にして数えます。

他の脊椎動物を見てみましょう。鳥たちは皆、卵生です。卵の中にある栄養だけで、自立するまでの成長をします。魚類も同様です。哺乳類は或る期間、母乳に頼ります。歩行も出来ません。草原に暮す「有蹄類」などは、生まれると、直ぐに立ち上がって母乳に吸い付きます。

人間は、生まれて一年後に歯が生えます。それまで、物はたべられません。その間は、母乳で育ちます。乳児期です。

第１期　生育期：０～18歳
第２期　成人期：18～60、70歳
第３期　老後期：70歳～

人間の一生

人間は、乳児期に、急速な成長をします。生まれた時には、頭脳は、ほとんど出来上がっているようです。ただし、それは、頭脳の本体だけです。知識の記憶やものを考えるための、言語や思考方法はもっていません。新生児は、急速に、こうしたものの学習を始めます。新生児は、生まれると直ぐに、母乳に吸い付きます。何といっても母乳は命の綱です。間もなく、耳や目も機能するようになります。目や耳は、頭脳と外界を結ぶ重要な器官です。

外から諸々のデータを取り込むのは、五感です。鼻は母親の匂い、口は母乳の味、目に入るのは母親の顔、耳に聞こえるのは母親の言葉、そして肌で感じるのが母親の体温です。

一年後には、手足も出来上がり、歯も生えて、人間としての機能が一通り出来上がります。これからの成長や学習は、加速度的です。三歳にもなれば、大人と対等に会話もできるようになります。

幼児期は人間としての基礎ができる時期です。人間として身に付けなければならない事は、大方、この時期に身に付けさせます。それは、世にいう知識ではありません。生きる力になるものです。日本の幼児教育を見ていると、敗戦後、この基本的なものを忘れています。そのために、成人してから社会生活に適応できない人間が沢山出現したのです。

敗戦以前にも、人々の手に負えないような、ならず者は、各地におりました。「不良者」とか「与太者」とか「ならずもの」などといわれ、毛虫のように嫌われていました。それを更生させたのが軍隊生活です。軍隊生活の良いか悪いかを論ずるのではありません。人間というものの正体を見出すための参考資料です。

徴兵制度がありました。日本人の男子は、皆、二十歳になると徴兵検査を受けます。身長体重その他、正常であれば、「甲種合格」です。どこかに欠陥があれば、軽い状態なら「乙種合格」、軍人とし働くことが無理なものは「丙種」で不合格という選別をされました。

八〇年前の筆者が子供時代の記憶ですから、詳細は忘れましたが、徴兵検査で合格すると、二年間（？）の軍隊生活をおくります。国民皆兵制度ですから、学生と海外生活者を除くすべての青年が入隊します。基本は戦争をする兵隊の育成です。体力造り。精神力の鍛錬。上官の命令には、絶対に服従の閉鎖された世界です。特に、我がままなものは、目をつけられて、徹底的にしごかれます。二年間の訓練が終わって帰ってくる若者をみると、正に、人が変わったようにに、言葉使い、礼儀正しさ、生活態度など、世の中の「お手本」になるように変化して帰ってきます。多分本人は、逃げ場のない、軍隊という社会に観念して、素直に教育方針に従がったのでしょう。

現在の日本を見ると、このような教育でも施さない限り、救いようのない人間があまりにも沢山居ます。


保育園とは何か。三歳になると子供を保育園に入れるようです。保育園とは如何なるものでしょうか。マスコミなどの情報を頼りに、考えてみます。

朝、通園バスが来て、子供を預けます。子供を預けて仕事に出かける者もいますが、大半は専業主婦です。毎日という訳ではないでしょうが、そのまま喫茶店に直行して、ママトモと談笑を楽しみ、情報交換などもします。軽く昼食をすませて家に帰る。雑用をしているうちに子供が帰ってくる。その間、子供の煩わしさから解放されます。束の間の休息です。子供が近くに居る限り親は心の休まるときがありません。休息は絶対に必要なことです。以前は、育児の大半を祖父母や兄や姉が手伝いました。今は、手伝う人がいません。育児の負担が母親一人に、集中します。

子供は、どうか。保育園は、商売です。子供を楽しく遊ばせます。皆で楽しく遊んで、弁当を食べて、昼寝です。楽しい時間が過ぎると子供を返すためにバスに乗せて送ります。さようなら又明日。これで、保育園は繁盛します。

この通りかどうか分かりませんが、子供は満足、親も満足、保育園も満足です。三者三様に満足していますが、子供にとって、生涯、二度とない、幼児期に身に付けなければならない人間教育がまったくなされません。「可愛い子には、旅をさせよ」、「獅子は、わが子を、千尋の谷に落とす」言葉は刺激的ですが、これが幼児教育の基本です。この幼児教育は、親でなければできません。子供を大切に育てるという言葉の意味を取り違えることなく、「道徳教育」を柱とした人間教育をしなければなりません。この教育さえできていれば、その子の将来は心配ありません。

人間には、本能があります。本能は、生きるための大切なものです。全て、自分のためのものです。「自我」です。生まれると直ぐに、自我は固まりはじめます。成長して社会生活をするようになると、沢山の人との交流が始まります。自我をそのまま、表に出すことを、「我がまま」といいます。我がままは、社会に通用しません。我がままを抑えるためのものが「自制心」です。自我が強力になってからでは、自制心は育ちません。自我に弾き飛ばされてしまうからです。自我を野放しにしたまま、生きる力が強くなると、手の付けられない乱暴者になります。自制心がないために、些細なことで、トラブルになり、暴力が振るわれます。犯罪です。犯罪者は、社会生活はできません。人生が失われてしまいます。ほんの少し考えれば、損か得かわかることなのにそれが自制できないのです。

車に例えれば、自我はエンジン、自制心はブレーキです。

日本の現状は、自制心の無い、我がままな人間が非常に多くなりました。世の中に、欲しい物が沢山あります。それを手に入れるには、金が必要です。金が無い。如何しようか。手段を選ばずに、金を手に入れようとして、悪事に直行します。結果は、人生の破滅です。それを防止するだけの知恵もないようです。

何か気に入らないことがあると、「頭に来た、ぷつんと切れる」、「目が合った、気に入らない」、こんなことで、暴走して、人生を駄目にしてしまう。毎日のように、ニュースで報道されている。文明が進化し、学校教育が普及しても、馬鹿な人間が沢山居る、むしろ、増加している、何故なのか、社会の指導者たちは、考えようとしない。考えても分からないのか、分かっていても、怠慢なのか。対処しようとしない。本質が分かっていないのです。

その結果、人間を造る教育が失われてしまったのです。こうして育てられた世代が既に七十歳を超えようとしています。自制心を持った一部の人間以外は、大半が、自由と我がままを混同しています。世の中に、教育の専門家と言う人が沢山居ます。小学校から大学まで、教育の専門家の山です。何を考えているのですか。TVなどで見る限りでは、責任感も緊張感も全く持ち合わせていませんという顔をしている。人間の品質の劣化です。

　世の中に溢れる様に増えてきたこのような人たちでも、二、三十年前に、何処かの女性が、産んで、子供の将来の幸せを願いながら育てたのでしょう。それが、幸せにならないだけでなく、不幸のどん底を這い回っているとは、哀れと言う他は無い。子育てが間違っていたのです。その女性の責任ではありません。その女性も間違った育て方をされたのです。原点は、敗戦によって、過去が全て捨て去られたことです。良いことも悪いことも十把一絡げして破棄されたのです。更に悪いことには、その後が無策だったのです。「革新」とか「自由」とか「平等」など耳ざわりのよい言葉が飛び交った時代です。この時代から道徳が捨てられ、自由という名目で、我がままが大手を振って罷り通るようになったのです。更に悪いことに、人間を育てるための教育が、金儲けの手段に悪用されるようになったことです。学校経営の実態が如実にもの語っています。

　社会の現状を見る限り、学校も教育者も教育行政も皆、空洞化してしまった感が拭いきれません。教育というものの本質が分かっていない、職務に対する緊張感が無い、責任逃れが目にある、金儲けに余念が無い、学生は、趣味と遊びに熱中している。

戦後、日本は、国を挙げて経済発展に邁進しました。そのお蔭で、国民の生活は、豊かになりました。医学や医療施設も充実され、人間の寿命も延び、小さな島国が、世界の経済大国になりました。貧乏は嫌です。豊かな暮らしがしたい。貧乏生活を味わった者なら、その辛さは、骨身に染みています。そこから脱出することができました。国民全部が中流生活です。幸せな時代が暫く続きました。それが今は、豊かな駄目社会に変質してしまいました。金儲けに専念した結果です。

人々は、経済の豊かさを求める余り、大切なことを忘れてしまいました。心の豊かさです。人間とって、生命の次に、大切な心の豊かさを失ってしまいました。「金を持った貧乏人」です。人々はそれが分かっていません。生まれた時から、人生の豊かさとは、金を沢山持つことだと教えられているからです。金よりも大切なものが見えなくなってしまったのです。

物質的に、豊かになっても、人間の心が豊かにならなければ、人間は幸福にはなれないということが分らないのです。

幼児たちが、日中の大半を過ごす、保育園は、単なる託児所です。子供たちを、安全に、楽しく預かるだけです。これから迎える人生に必要な学習をするための、貴重な時間を、楽しく遊んで、無駄に過ごしています。

人間の教育とは、知識を記憶させることだけではありません。人間としての正常な心を育てることです。心を育てるには様々な難関が立ちはだかります。人間の正体は野生です。生まれながらにして、野生の魂を持っています。人間教育とは、その魂との格闘なのです。

お遊戯して、おやつを食べて、お昼寝して、楽しい一日を過ごす。どうして人間の教育ができますか。楽しいことだけが、心の隅々まで染み渡ります。これが問題なのです。人間にとって本当の喜びや幸せは、心の内に作るもので、外部に求めるものではありません。

古くから言われている「鉄は熱いうちに打て」という。熱した鉄は、柔らかいので、どのような形にも造ることができます。冷えた鉄は、どうにもなりません。辛いことに耐えて、それを乗り越えることで、本当の心を持った人間ができるのです。自制心と忍耐力です。楽しいことは、人間の心を緩めてしまい、軟弱な人間になります。理屈ではありません。人間とはそういうものなのです。

六歳になると小学校に入ります。その前の、四～五歳は、体力の基礎を造る絶好のチャンスです。知識の学習は、小学校に入学して、いろはの学習から始めるだけで充分です。必要なのは、本格的な、体力造りです。骨格、筋肉、内臓、そして我慢強い心です。これが幼児期にやらなければならない教育です。知識の詰め込みなど、絶対にやってはいけません。幼児にとって少し忍耐のいる仕事や運動を一緒にやりながら励まし、できたら褒《ほ》めてやります。体罰など必要ありません。心のスキンシップです。大切な物事を、繰り返し話して聞かせるのです。「刷り込み」です。

中学生の年代は、思春期です。思春期は、昆虫の変態のようなものです。桑の葉を食べて、充分成長した蚕は、口から生糸を出して、身体を保護する繭《まゆ》をつくります。そして中で蛹《さなぎ》になります。蛹は硬い殻ですが、中は、白い粘液です。蚕の形は、どこにもありません。やがて、白い粘液が、蛾になります。そして繭を食い破って、外に出ます。相手に出会い交尾し産卵して終わります。

変態などということが、何のために必要なのか分かりませんが、大変なドラマのようです。人間の中学生の年代の思春期は、昆虫の変態にも劣らない大変な変革期なのです。それを、主導するのが、ホルモンです。ホルモンの分泌が、男子を男にし、女子を女にします。人間の生命の神秘です。男と女は、人格は平等ですが、動物としての人間はまったく異質なものです。ですからセットにしないと人間として通用しません。

思春期の子供は、親子の断絶、家庭内暴力、など様々な行動にでます。このようなことを無くさなければなりません。幼少年時期に、キッチリした育児がしてあればこのようなことにはなりません。それが出来ていないか、間違っていたので、思春期に表面化するのです。仕方がありません。腹を据えて、わが子の苦悩と向き会ってください。それが親としての最大の役目です。

人間や人生は、全て積み上げです。基礎が確《しっか》りしていないと、その上に積んだものが不安定になります。

就学前の四～五歳は、体力の基礎つくりが、中心です。本当の人間は土の有る所でなければ育ちません。土や水、緑がいっぱいあって、生き物が沢山居る。食べる物は、素朴な物で良い。雑食動物です。自然の一部に成ったようにして暮す四～五歳の二年間、これから先、生きるための体力の基礎を造る大切な時です。そこは、アレルギーや虚弱体質など無縁の世界です。

六歳で小学校に入り、十八歳で高校を卒業します。この十二年間は、本格的に、体力、気力、知力を育成する期間です。願うことは、上級学校の予備校にしないことです。この大切なことを捨てて、有名大学に入っても何の価値もありません。どうしても入りたければ、浪人すれば良いのです。誤解してはならないことは、高校までの十二年間は、人生を生きるための、基礎を造る学習の期間です。常識や教養を身に付けるのです。大学の入学試験とは、次元が違います。大学は、職業教育です。職業は、生計を立てる方便です。常識や教養は人間の基本です。

進化した文明社会で生きるには、広範な知識や思考力が無ければなりません。それも国際社会を視野に入れてです。これからは、小さな国境の中に蹲《うずくま》っているわけにもいきません。最近のニュースによると、日本の若者は、海外進出を、あまり希望しないとのことです。気力が弱くなった結果ではないですか。

とにかく、社会生活の為の一般教育は、十二年間で充分です。その先は、職業教育です。十八歳を成人とする、という法律が出来ました。法律が無くても、十八歳は、立派な成人です。

高校卒業の先にある、大学や高専は、職業の為の養成所です。職業の基礎教育は、常識的には、雇用者がやるべきものです。それを社会に依存しているのです。専門分野の教育は現場で行うのが、正確で、効率的です。大学で四年間に習得したことなど、現場で指導するなら、半年もあれば充分できるでしょう。

十八歳までに、学校で教育する職業教育とは、職業というものの全貌を知らせることです。職業のまねごとを教えるよりも、職業の全貌を知らせることの方がはるかに役に立つと思います。その知識があれば、社会に出て職業の進路を決めるのに大いに役立つことでしょう。できれば体験することが更に効果的です。

日本が世界の経済大国といわれる原動力となった者は、金の卵とまで言われた、農村出身の中学卒業生でした。

戦争に敗れて再出発した日本は、国家の建て直しの方向を「工業立国」と定めました。焼け野原に、工場をつくり、そこで働く労働者を地方の農村に求めたのです。

戦争時代は、人間は、消耗品と同じです。国は、人間の増産を図っていました。「産めよ、増やせよ」の奨励です。五~六人の子供が居る家庭は、普通、九~十人もさほど珍しくないという状態でした。貧しい農家に沢山の子供が犇《ひしめ》いています。心身ともに、丈夫な人間に育ちます。更に、農業を継げるのは一人だけです。農地がないからです。他の者は、文字どおり、裸一貫で社会に出て、身を立てなければなりません。憧れの都会からの求人です。集団就職です。彼らは、非常に良く働きました。心身ともに、鍛えられているからです。生きる意欲があるから、良い仕事をしました。この二つの要素が基礎となって、良質な製品を、安く造り、企業は世界に売りまくりました。追い風になっていたのが、一ドル三六〇円と言う為替レートです。世界は、半分恐れを込めて、エコノミックアニマルと冷笑しました。

現在の日本には、これらの、全てがありません。金の卵は、既に八十歳になろうとしています。後継者はいません。居るのは、マネーアニマルばかりです。

高校を卒業する歳になれば、成人です。大半は、社会に出ないで、大学へ進学します。大学に入って、大学レベルの学習をするには、それなりの能力が無ければなりません。それは、上位の一〇～二〇％程度でしょう。理由は、人間には、能力のばらつきがあるからです。

大学レベルの講義についていくことができない若者にとってあまり意味の無い、大学への進学が多いのは何故でしょうか。答えは、明白です。大学が沢山あるからです。何故、大学が沢山あるのか。大学は美味しい商売なのです。その商売を支えているのは、学歴社会です。封建時代の名残です。身分制度が固定的であった時代は、全てが、肩書きで処理されていました。又、当初は、大学へ進学する者は、人つまみの特殊な境遇の者に限られていました。当然、社会の要職につきます。「学士さまなら、嫁にやろう」という時代です。その流れが、「大学出」いう額縁を高く評価しているのです。

能力が無い子供でも親は、可愛いわが子のために、頑張って、学資を工面します。その子たちの大半は、遊ぶようにして、四年間を過ごします。就職しても、仕事の内容は、高校出と何ら変わりはありません。それが実態なのです。保育園と同じです。三者三様に満足しているだけです。ここらで、真剣に考え直さないと日本は手遅れになります。全てとは言いません、大学というものの実態の報道に接するたびに、日本の教育の劣悪な実態が見えてきます。国は、一度、特別チームを編成して、全国の大学の実態を調査し、公表したらどうですか。

問題は、大学の数が余りにも、多すぎるために、国の、学究に対する予算が、分散して、本当に必要なところが手薄になっていることです。

十八歳で高校を卒業すれば、成人です。更に、五年も経てば、成人として充実して来ます。心も体も本物の成人になります。

先ずやることは、生活の自立です。職業を見つけて働きます。その後は、なるべく早く結婚して、子供をつくり育てます。このようにして家庭が出来ます。家庭が円満で子供が無事に成長して、自立すれば、それで、人生は、満点です。

成人とは、思春期から更年期までの四、五十年間です。思春期以前は、生育期です。更年期以後は、老後という余生です。成人は、人生の主要部分です。充実した人生を送るためには、沢山の項目について、賢明な生き方を選ばなければなりません。それは、家族と職業です。

成人になって働いて、家庭や社会に貢献することができるのは、六五歳までです。肉体的衰えや、時代の変化に付いて行くのが難しくなります。定年制という社会の決まりもあります。自営業以外は、リタイヤーとなります。その後は、老後です。

自然界は、老化した親の生活を支えるシステムは造っていません。動物は、老化した親は生きていないからです。自然の成り行きです。動物の個体は、種族の一部です。種族の端の不要になった部分が掛け落ちても、種族の存続には、少しも支障がありません。川を遡る鮭が、産卵が終われば、一生を終わるのと同じです。

人間は、厄介なことに、自意識というものを持っています。個人の名前も持っています。自意識が、個体の存在を主張します。長く生きて、幸せな生活を楽しみたいと考えています。

養老システムを構築するには、自然の理は通用しません。自然界には、老人は不要だからです。人間独自のシステムを考えなければなりません。幸いなことに、人間は、余生を生きる為に、労働の結果を備蓄することが出来ます。預貯金、年金、不動産収入など、働かなくても、生活することが出来ます。文明のもたらす恩恵です。人間社会で老人の本当の価値は、豊富な人生体験による知恵です。動物は、生活の体験を記憶もしなければ、子孫に伝える術も持っていません。人間の体験による知恵は、これから人生を生きる人たちには、非常に役立つものですが、その価値が理解されていません。

更年期は、思春期と同じ様に、成人期の区切りです。性ホルモンの分泌がなくなるので、男女の区別が無くなります。それが老後です。老後は、体力は、急速に退化します。知能だけが残ります。知能のうち、記憶力は、ほとんど、機能しなくなります。記憶力が、活発に、機能するのは、生後から思春期まで、その後、最長でも、三五歳が限界です。子供の頃の記憶が鮮明に残っているのが、その証拠です。

いずれにしても、老後は、心が中心で、人生の纏めの時です。老後は、人間だけが持っている幸せな時期です。社会生活から、離なれて、知能の世界で生きることができます。金のことなど、忘れて、人生の心の奥を探訪することです。それが出来ない人が、満足出来ない老後の生活を余儀なくされるのです。地域社会に溶け込むことも大切な生き方です。

人は死んでも、魂は残るといいます。魂が残っても、何処にあるのか、分かりません。わかる方法は、形にして残すことです。文章にする。写真や絵画にする。彫刻や陶芸のように形にする、次の世代を生きる子や孫や社会の人たちの心に残す。心静かに、知能の世界に暮すことが、一番良い老後の過ごし方ではないですか。間違っても、世俗の欲に心を惑わされて「晩節を汚す」様なことだけは、してはいけません。

ざっと、流すように人生を眺めてみました。

七　結婚

「結婚するか、しないか、それは、個人の自由だ」という言葉をよく耳にします。このような寝言を言う愚か者が多く見られるようになりました。日本という国が駄目になった何よりの証拠です。丁度、それは、食べ物を食べるか、食べないかは、個人の自由だ。と言っているのと同じです。食べ物を食べなければ、その人の生命は、そこで終わりになります。結婚も同じです。結婚しなければ、その人の生命は、その人限りで途絶えます。

この二つの営みを怠ることは、人間としての全てを捨て去ることです。野生動物の多くが命懸けで子供を育てる姿を見れば、とやかく理屈を言う問題で無いことは良くわかると思います。

人間にとって、生きると同じ重さを持つ結婚です。結婚の目的は、言うまでもなく、子供を造って育てることです。祖先から続いてきた、生命を、次の世代につなぐのです。これは、人間として為さねばならない、与えられた我が生命に対する報恩でもあります。

人間には様々な事情があります。結婚したくてもできない場合や、結婚しても子供ができないこともあります。それを責める意図はありません。できるのにしない、これは一度じっくりと考えてみることを勧めるのです。

人間は、頭脳の一部の、知能というものが大変発達し、もはや、人間の動物性の範囲から大きくはみ出してしまいました。それは、人間は、人類の一部であるという原点を見失って、知能の働きによる「自意識」から来る個人だけが人間であるかのような錯覚に陥ってしまったのです。思慮の不足です。

結婚は、「自意識」が、とやかく言う次元のものではないのです。人知を超えた神聖なものです。

結婚や育児について、様々な発言が、飛び交っています。日本人はこれ程、ものが分からなくなってしまったのかと痛切に感じます。

結婚とは、自分が楽しい日々を暮すためにするのではありません。結婚をして、家庭を造り、子供を育てることには、沢山の苦労が伴います。その中に、真の生き甲斐が有るのです。今の人たちの多くが、ものの見方、考え方が逆転してしまったのです。人生の喜びの中味を間違えてしまったのです。真の喜びとは、享楽ではありません。享楽は、目や舌や肌を通じて入って来る快感です。人生の喜びは、そのような皮相なものではありません。魂の琴線を震わすものです。良い人生を生きる為に、是非とも、この魂の喜びの境地を会得してください。


結婚には、必然的に、家庭や育児が伴います。二人で協力して、これを成し遂げるのが、結婚というものです。

結婚は、遊びや、趣味などではありません。人間が生きるという、尊厳の領域にあるものです。間違っても、結婚を冒瀆するようなことをしてはなりません。理由は、新しい人間を造る

結婚の目的 ――	・子どもを造って育てること
結婚生活 ―――	・お互いが相手の心を迎え入れること
	・家庭と育児が伴うこと
	・それらを２人で協力して成し遂げること
結婚相手 ―――	・掛け替えのない２人
	・相手をよく見て選ぶ

結婚について

ということだからです。それなのに、結婚を、遊びや娯楽と同列に考え、酷いのになると、遊ぶことに飽きたら、次は、結婚でもするか。という声が聞こえてくるような、世の中になってしまいました。

今、結婚というものが、無知と金儲けを企む輩に乗っ取られて、悲惨な状態に落ち込んでしまいました。こうした時流の中に生まれた、若者たちは、少しの疑いも持たず、結婚から遠ざかっています。人生とは、結婚することです。そこには、山もあり谷もあります。二人の男女が、力を合わせて、全力で乗り越えていくのです。

結婚には、沢山の喜びがあります。先ずは、二人が結ばれることです。自分専属のパートナーです。わずか二人ですが、ただの二人ではありません。掛け替えのない二人です。二人の人間が、身も心も一つになって、長い人生を生きるのです。そこには、人生の孤独感などは、全くありません。二人の間の心の響き合いは、何ものにも勝る生き甲斐です。世の中に、無数に居る人間の中で、何かの縁で、偶然出会っただけなのに、結婚は、ただの二人を、特別な二人に変えてくれるのです。大切にして、育まなければなりません。離婚など、もってのほかです。まして、子供が出来てからの離婚は、法律の定めは無くても、人間としては、罪悪です。

結婚は、二人の出会いが宿命なのです。結婚相手を決める時、相手を見ないで決めるから、離婚するのです。相手とは、人間本体のことです。金や財産や家柄などではありません。

人間に限らず、生き物は、番《つがい》になって、はじめて、一人前です。独身は半端です。世の中を見れば、良く分かります。結婚することによって、生活も安定します。「ひとり口は食えなくても、二人口は食える」といいます。社会の信頼度が高くなります。独り者は、根無し草か、浮き草に例えられます。何よりも大きな収穫は、二人で生きていくのだという気構えができることです。日本の社会が健全であった時代「女は、お産をして一人前、男は、普請をして一人前」といいました。結婚は、人間が一人前になる入口なのです。今の時代、こんなことを言うと大変な反撥を招くかも知れません。しかし、誰が何を言っても、厳然たる真実なのです。

家庭の温もりは、他のこととは、比較できない温かみです。結婚は、成人としての、本格的な人生のスタートです。生活の安定のために、働く意欲も湧いてきます。これらのことが、人生の基盤を築く力になります。

人間が生きることや子供を育てることは、大変な苦労の連続です。それこそが人生なのです。この苦労は、それの何倍もの喜びに変わる苦労です。

やがて子供たちは成長し、家庭生活も安定します。これを目標にして生きる以外に何がありますか。それを成し遂げた時、人生の喜びも達成感も湧いてくるのです。物や金を手にした時の喜びは、束の間の喜びです。較べてみてください。

現代では、結婚という言葉を聞くと、豪華な披露宴や、新婚旅行、相手の収入や財産などが真っ先に、頭に浮かんでくるようです。これは、結婚というものを、金儲けの手段に利用する業者や、巷の話題を商品としているマスコミに煽られた結果、結婚というものの本質を見失ってしまったのです。又、結婚相手を選ぶのに、最初に、金が出て来るようです。金に目が眩むといいますが、此処まで、金のために目が眩むとは、世も末といった思いがします。情けないですね。

結婚する相手は、人間です。金ではありません。若い人が金など持っているはずはありません。相手の人間性を見詰めるのです。金に眩んだ目では見えないかもしれません。「手鍋提げても」と言います。貧しくても、選んだ相手と結婚できるなら、どんな苦労も厭いませんということです。これが結婚に必要な心なのです。

かつて放映されたＮＨＫの朝の連続ドラマ「おしん」が日本だけでなく、世界の沢山の人達を感動させています。人間にとって価値あるものは、世界共通だということが分かります。

男女は、平等です。それは、人間としての基本の話です。男女は、人間の機能が異なっています。人間は、思春期になると、自然に、ホルモンの働きによって、男女に分かれます。お互いに、人間の半分ずつしか持っていません。肉体構造、精神構造共に、男女が合わさって、人間としての機能が、完全になります。ボルトとナットのようなものです。この違いは、生まれてから、成長するに従がって、少しずつ、顕著なものになっていきます。その仕上げが、思春期です。人間以外の動物は、この過程が、自然の成り行きで決まっていきます。それが、人間の場合は、知能の働きが、干渉に入ります。その結果、不自然な成長をします。特に、心の部分に、影響します。男でありながら、心が、男になっていない、女であっても、女の心が無い、そんな人間が沢山育って来ています。出来損ないのボルトとナットです。旨く、組合せることができません。これは、人間の平等と、男女の平等との違いが分からない「そそっかしい人間たち」が、敗戦後の日本の再出発をリードした結果です。自由や平等の真の意味が分かっていないのです。更に、追い討ちをかけたものが、「女性の社会進出」です。就職して、金を稼ぐことが、結婚に優先したことです。本末転倒です。

子供それは、未来につなぐ「生命」のランナーです。万葉集の詩に、「しろがねも、こがねもたまもなにせんに、まされるたから、子に、しかめやも」とあります。物質文明は未熟の時代であったかも知れませんが、六世紀頃の万葉の人達の、心の輝きには、素晴らしいものがあったようです。

子供は、生まれた時に、人格ができます。人格とは、知能が個人を認識した時から発生したものです。この人格を守り、育てるのが、両親の役目であり、義務です。役目を果たすための力になるものは、わが子に対する愛情です。人間の愛情は、本能と知性の合わさったものです。どちらが欠けても、充分な愛情とは言えません。

「親を見れば、どんな子かわかる」とか、「子を見れば、親がわかる」などと言います。親子は、お互いを写す鏡です。成長する我が子を見て、一人静かに、己を顧みる心が必要です。

人間は二十歳を過ぎれば、結婚適齢期です。通常なら、それから、五、六十年の結婚生活が続きます。元々、赤の他人であった二人が、偶然に出会って、融合して人生を送るのです。スムーズに軌道に乗ることもあれば、時々、脱線する場合もあります。脱線したら、元に戻す努力が必要です。深く考える必要はありません。元の軌道に戻せば良いのです。あとは、何も無かったように、結婚生活を続ければよいのです。

「退職離婚」とか「熟年離婚」などという話を耳にします。夫の退職金を、半分貰って離婚します。退職金を貰うまで、我慢して、離婚を延期しました。この人達、まともな人間ですか。多分、人間の情がなくなってしまった人間なのでしょう。

物質文明が進化したために、心が変質してしまったようです。人間本来の姿に戻さなければなりません。本来の人間とは、どんなものか。一度、考えてみることです。考えなくても大丈夫です。一糸纏わぬわが身を鏡に映して暫く眺めてください。本当の自分が見えてきます。

男女それぞれが、先祖から受け継いだ生命と、親や社会に育まれた、生きる力によって、送って来た結婚生活も、六十歳を過ぎる頃には、更年期を迎えます。男女を分けていたホルモンが消えてしまいます。老後です。この頃の暮らしの様を見て、「御茶漬けの味」といいました。さらっとした薄味です。男女という、濃密さが無くなるからです。

人間は、成人したらそれから先は、ずっと結婚生活が続きます。今に始まったことではありません。二人が一体となって、人生を生き抜くのです。何処までいけるか寿命の定めに従う以外ありません。「夫婦善哉」です。その中に、生き甲斐も喜びも、全て含まれています。

離婚。折角、結婚しても、離婚すれば、元の半端人間に逆戻りです。成田離婚などと言うのもあるようです。新婚旅行から帰って来て、成田空港に着いたら、そこで離婚。旅行中に何があったのか知らないが、些細なことで喧嘩をしたのか、重大な隠し事が露見したのか、多分、華やかな結婚式を挙げ、大勢の、親族や友人に祝福され、見送られて出発した新婚旅行なのに、見送ってくれた人達に、顔を合わせることもできないでしょう。二人の評価は地に落ちてしまいます。余程頑張らないと、取り戻すことが出来ません。結婚に限らず、複数の人間が、共生するためには、忍耐と寛容の心が必要です。

結婚といえども、他人の二人が、合わさったものですから、離れることも、あるでしょう。子供がいなければ、二人だけの問題で済むかも知れません。子供ができていれば、大変なことです。子供が成人するまでは、両親が力を合わせて、育てるのが、正常な姿です。片親は、異常です。人知の及ばないような複雑な事情があっても、異常に変わりはありません。片親での育児の負担は、二親の数倍は掛かります。

離婚には、理由と、原因があります。問題は、原因です。理由は、後からとってつけたものです。結果に対する言い訳です。泥棒にも三分の理があるという。理由など追求しても何の意味もありません。大切なことは、原因を把握することです。

「何故、離婚が増えたか」その原因を見極めなければ、離婚を防ぐことは出来ません。

結婚も離婚も個人の自由ではないか。そんなことどうでも良いではないか。どうでも良いです。ただ、日本人の将来が先細りになるだけです。正常な人間なら、自分たちの子孫の将来を少しは、心配するでしょう。

離婚の原因は、人間教育の欠落です。結婚というものの認識が出来ていないのです。人間教育とは、人間が手に入れた、知能が、人間のために、正常な働きをするように、セットすることです。現在の学校教育は、知識教育です。人間教育は教育界の意識の中に無いようです。日常生活で出会う結婚のイメージは、本質からかけ離れています。それが若者たちの結婚観になっているのではないですか。本当の結婚観を再構築しなければなりません。人間は、成人したら結婚するものだと、幼児期から繰り返し刷り込む必要があります。家庭教育の大切な項目です。

少子化が国の政治でも大きな問題になっています。「少子化担当大臣」までいます。それなのに、女性に子供を産んでくださいと言うと、猛攻撃が浴びせられる。世の中メチャメチャです。

人間教育は、生後、直ぐに、始めなければなりません。三歳までが、前期人間教育です。体験による学習が中心です。四～五歳からは、後期人間教育です。知能による学習が中心です。言葉によって理性を働かせる教育です。全て、親が、直接、教育するのです。保育園などに、丸投げしては駄目です。

離婚の原因に考えられるものに、弱い男子と強い女子があります。男子は、体力は女子に勝りますが、精神力は必ずしも強いとは限りません。女子は、体力は男子に及びませんが、気力や知力が勝ることは往々にしてあります。以前には、家族内の秩序として、男子が家長となり、家族全体を纏めていました。その中にも、女性優位のカップルはかなりの割合で存在しました。女性が表面に出ることが憚《はばか》られる時代です。女性は、内助の功で男性を支えました。「雌鶏が突っついて、雄鶏が時を吹く」などと言ったものです。

民主主義、自由主義の時代になり、個人の主張が強くなり、家族内の統制がとり難くなったのです。その結果、家庭崩壊が、多くなったことや、女性の社会進出が、盛んになり、男性に頼らなくても、生きていける時代になったことも離婚が増えた原因の一つに考えられます。やはり、結婚の尊厳と存在感が薄れてきたのです。文明が進化した結果です。

結婚は、二人三脚で走るようなものです。歩調が合わないと転んでしまいます。転ばないためには、一方がリードして、他方がそれに合わせるのです。どちらがリーダーに成るかは、二人の間で決めればよいことです。

昔の、日本では、社会の制度で、夫が主で妻が従と決めていました。今は、自由ですが、夫婦といえども、一つの組織です。リーダーが必要です。リーダーシップを渡された側は、結果責任を果たさなければなりません。結果とは、夫婦生活と家庭を守ることです。

最近の、世の中には、要求はするが、責任や義務を果たさない人間が多くなりました。「一億、総クレーマー」と言われる時代です。要求するだけです。食べるものは、美味しい物を食べたい、造ることも、あと片付けをすることも嫌だ。この傾向が、金儲けを目論む人たちの狙い目になります。人の嫌がることを商品にすれば良く売れる。人生そのものともいえる家事まで商品にしている現状です。人々は、自ら行動するのではなく求めるだけの時代になったのです。

そもそも家事を嫌がる人間が出現するようになったのは、子供教育の間違いに起源があるようです。家事の楽しさを知らないのです。

家庭内で、要求の、突きつけ合では火花が散るのも無理はありません。このような人達は、幼い頃、大切に育てられた人間なのでしょう。この大切な育て方が間違っていました。生涯、自立しなくても生きて行ける身分なら、それも良いでしょう。庶民は自立しなければ生きられません。こうした誤った子育ての結果、自己中心的な、我がままな男女が成人になります。「自己中心人間」が夫婦として、セットになったのでは、うまくいかないのは当然かもしれません。

結婚生活は、会社設立に似ています。無計画では設立できません。結婚相手を決めるには、相手をよく知り、自分というものを良く考え、チームワークのパートナーとして、過不足無いかを確認することが大切です。「ものを見る目が必要になる、最大の山場」です。

結婚生活の計画は、自分の力に応じたもので無ければなりません。夢と現実をよく弁えて、計画を造るのです。実力がついたら、計画内容を上方修正すれば良いでしょう。甘い夢や、計画が大きすぎるから、金と結婚したくなるのです。

結婚は、別々の心を持った人間が、隔たりを無くして、生活するのです。大小、様々な問題が発生します。

結婚生活とは、お互いが、相手の心を迎え入れることです。そのためのスペースが必要なのです。心が狭いと相手の心が入る場所がありません。でも心配することはありません。心は、その気になればいくらでも広くすることができます。本人たちがそのことを自覚すればよいのです。

それでも人間ですからトラブルはあります。その時は、力を合わせて、乗り切るのが結婚です。喧嘩状態になった時に、どの様にして、力を合わせますか。喧嘩の仕方を知らない人間が多くなりました。夫婦喧嘩は、一種のガス抜きです。どちらかが火消し役になることです。相手が冷めていると、熱くなっている自分が馬鹿らしくなるものです。過ぎれば禍根は残りません。

現代の社会には、楽しさが山積されています。でもよく見て下さい。それらの楽しさは、商品です。商品は他人が造ったものです。本当の楽しさは、自分たち夫婦が心を合わせて造るものです。他人が造ったものには心がありません。心のないものは、空虚です。人生の楽しさは心です。

「友が皆、我より偉く見える日よ、花を買いて、妻と親しむ」石川啄木。

子供は、何人育てるか。生活が苦しい、若い夫婦にとっては、大変かもしれません。

日本が貧しいかった時代、小学校を出ただけの夫婦が、生活に追われながら五～六人の子供を育てていました。子供たちは義務教育が終わると、家を出て、働きます。丁稚奉公です。「口減らし」などと言っていました。こうして成人した人間たちが、戦争に負けて世界の四等国に転落した日本を、アメリカに次ぐ、世界で二番目の経済大国になるまでに、復興したのです。現在の日本には、そんな力は、とてもありません。子供を育てるには、豊かさは要りません。寧ろ、邪魔です。貧しさは、辛いことです。しかし、良い子を育てます。解説はしません。どうぞ考えてください。

子供の人数は、何人が適当ですか。兄弟の人数です。一人は、点です。二人は、点を結んで線になります。もう一つ点があれば、面になります。更に一つ加われば、三角錐の立体になります。親が居なくなった後、子供だけになります。兄弟は、利害を超えた人間関係です。このようなことが、わが子に対する親の愛情というものです。貧乏でも子供は育ちます。

「兄弟は、他人の始まり」などと言いますが、何故そうなるのでしょうか。兄弟が、仲違いをする原因は、目先の欲です。目先の欲は、百害在って、一利無しです。価値観の間違いです。遺産相続を巡って、兄弟が裁判を起こす話しを聞きます。これほど人間が駄目になったかと思うと情けないです。

親がこの世を去った後、子供たちに対する親の思いやりは、なるべく多くの兄弟を育てておいてやりたいとの願いです。育てる大変さなど、過ぎてみれば、ほんの一時のことです。これらの兄弟が、心を寄せ合い、時には、助けあって、立派に人生を全うすることを親は願うものです。

八　加工された人間、加工に失敗した人間

現代の日本には、三種類の人間が混在していることに、お気付きになりませんか。

その一は、遠い過去からの生命や生き方を受け継いだ人間です。成人すればその延長線上で人生を送ります。私はそれを「自然人」と呼びます。

その二は、「自然人」が生まれると直ぐに、一つの目的のために、特化する教育を施した人間のことです。それを私は「加工された人間」と呼びます。かつて、日本の悲惨な戦争を主導したのは、戦うために特別に教育された人間たちです。現代では、金儲けを特訓した人間です。

その三は、加工に失敗して、加工人間になり切れず、さりとて、自然人に戻ることも出来ない中途半端な人間たちです。

元来、人間は自然がつくったものですから、当然、自然の一部です。親は、生まれたわが子を、成人になるまで養育します。成人すれば、自分の意志によって生き方を決めて人生を送ります。親の敷いた線路の上を、親の意思で走らせることが果たして良いのか。

わが子に対する愛情か、親の夢をわが子に託すためか、幼い頃から、特訓を始める親子が沢山います。有名校への進学塾、芸能、プロ・スポーツ等。この計画が成功するためには、先ず、本人の才能が基本です。好みもあります。更に、時代の移り変わりもあります。思いはわが子の将来です。しかし、本当は、自分の意志による生き方の選択ができるように残しておくことが真の愛情ではないでしょうか。

自然人に成るためには、生後直ちに、生きる力、即ち、体力、気力、知力の育成をします。この基本的な、育児をせずに、只管《ひたすら》、金儲けのための、特訓をすると自然な人間として順調に成長するチャンスが失われてしまいます。

こうした育児の最大の問題点は、あまりにも専門化しているので、融通性や汎用性に欠けることです。何かの事情で続けられなくなった時、時代が変わったときには、方向転換しなければなりません。

成人するまでは、社会に適応する幅の広い教養や常識を身につけることです。

多くは、拝金主義者が見果てぬ夢をわが子に託すか、家業の後継者造りです。職業は、それをやる人間の能力や個性が基本です。

人間は、生まれた時から人格があります。人間としての権利と義務が備わっているのです。例え、親であっても、それを本人の了解も無く、勝手に、左右する事は許されません。人生は結果だけを求めるものではありません。そこに到る行程が大事なのです。この計画が成功すれば、文句の言われることは無いだろうと考えるのは、筋が違います。わが子であっても人権侵害は絶対に駄目です。失敗したら、罪の深さは、計りしれません。

育児の基本は、本人をよく観察することです。能力や個性に合った進路を見つけてやることが大切です。本人の頭で考えさせ、本人の意思で決めさせることです。自分が選んだ道です。それが、意欲を持って生きる人間に成長させる秘訣です。

幼児期の知識の吸収力は、生涯で最大です。この吸収力に吸収させなければならないものは、金儲けの為の知識やテクニックではありません。正常な自然人間になるための、生きる力を育てることです。躾や道徳教育は、正常な人間になるための不可欠のものです。それが出来ていない人間が溢れています。現代の親や社会は、一番大切なものを見落としているのです。

第二章　知能

一　知能は人類だけのもの

頭脳の働きに、本能と知能という二つがあります。学問的には正しいかどうか分かりません。街に暮す人間を観察して感じたことをまとめたものです。

知能というものが人間以外の動物で、どの程度発達しているか知りません。見たところ、人間だけが、突出しているようです。頭脳の中の、この知能が、人間にとって、プラスにもマイナスにも大きく作用しているようです。その意味で、本章では、知能を中心に、人間や文明についいて観察してみます。

知能の働きを見ますと、主として、二つの働きがあります。一つは、記憶力です。もう一つは、思考力です。

記憶力は、人間を取り巻く沢山の情報や、自分の頭脳に浮んだ想念などを、記憶して、必要なときに、取り出すことができる能力です。脳科学という学問のことは全く知りません。

この記憶力は、人間生活の日常にとって、非常に重要な役割を果たしているものです。国会答弁などで、「記憶にありません」というのは、人を食った話です。一般に、人間の記憶力は、かなり発達しています。まして、頭脳労働を仕事にしている人間は、人並み優れた記憶力を持っています。簡単に、記憶が無くなることなど決してありません。「卑怯」以外の何ものでもないでしょう。

庶民生活にとって記憶力とは、如何なるものか。記憶とは、情報を理解し、整理して、頭脳の中の記憶装置に蓄積します。記憶力は、生まれると、直ぐに、活発に機能し始めます。〇～一歳児の記憶力は、目を見張るほどです。幼児期の記憶力で蓄えた知識や思考力が、その後の人生を生きるための拠所になります。三十歳を過ぎると、記憶力は急速に衰え始めます。三十五歳位が限界です。原因は、記憶力の低下と同時に、新しい情報を、素直に受け入れなくなるのです。老後は、完全に駄目になります。昼になると、朝食べた物を忘れています。

現代の学校教育は、知識を記憶することが基本として長年続いています。教師は、教えたことをどれだけ理解し、記憶したか、その程度を知るために、期末テストを行います。同様に入学も就職も選抜試験は記憶力テストが中心です。

物事を記憶するためには、先ず、その内容を充分に理解することが必要です。意味が分からないままに記憶することを、棒暗記と言います。文字の羅列ですから、直ぐに忘れます。記憶とは、文字や言葉ではなく、その現象や意味を理解することが、より鮮明に記憶されます。物事の本体は、現象や物体です。これをそのまま記憶することがもっとも効率的記憶です。言葉や文字は、現象や物体を説明することです。「百聞は、一見に如かず」の諺は、沢山の説明よりも、目で見る実物の方がよくわかるということです。多くの生徒は、授業で一度聞いただけでは、内容が充分に理解できないので、ノートを取り、復習し、理解することによって、ものごとを、映像として記憶します。

世の中では、人間の能力を測定するために、多くがこの記憶力テストを行っています。記憶力は、人間の知能の持つ力のうちの一部なのに、何故、記憶力を重視するのでしょうか。その理由について考えてみましょう。

文明が未成熟の時代には、人間が生活する環境は、殆ど自然のままです。目新しいことなど何もありません。

時代が下るに従って、文明や文化が徐々に進化しはじめました。文明の発展を支えたものは、科学技術や学問です。科学技術や学問の黎明期には、それを知識として持つことが、人間の大きな力となったのです。明治時代の文明開化というものです。知識の量や質を計ることが、人間の能力を計ることに繋がったのです。

現代では、知識などは、その気になれば何処からでも引き出すことが出来ます。それなのに、相変わらず、百年以上も昔と同じ、知識の量をテストして、人間を評価している。知識など、巷に溢れています。TVの娯楽番組と同じです。一流大学の卒業者を出演させて、どちらが漢字を沢山知っているか。電波が勿体無いような馬鹿馬鹿しい番組が、目白押しに送られてきます。

日本人の思考力が低下したと言われていますが、思考力の大切さを理解している人が少なくなったのです。幼児期から、何事によらず、答えを先に教える育て方をしているからです。

記憶力は大切な能力ですが、現代では、思考力はそれ以上に大切な能力だと言っているのです。

知能の働きのもう一つは、思考力です。思考力はコンピューターの演算機能です。人間が生まれた時には、思考回路も基礎データも入っていません。この二つを刷り込むのが育児のポイントです。

思考回路とは、ものごとの判断力です。判断の基準は、価値観です。判断のための参考資料は、記憶の中にあります。

人間がものごとを考える場合、問題に対して答えの引き出し方です。この能力の優れた人間を「知恵者」と言います。物知りより知恵者のランクが上になります。一般的には物知り人間を賢いといいますが、本当は、賢い人間とは知恵者のことです。

人間が、考えるということは、主題と、データの比較です。記憶の中から、沢山のデータを引き出して、問題と対比します。納得できる回答が見付かるまでデータを探し出し、比較します。犯罪捜査の指紋照合のようなものです。適切なデータに出会えば、それが回答です。思考力の基準となる正しい価値観を幼児に刷り込むのです。

学校で習った知識のテストをする選抜試験、三択クイズなど、記憶力のテストであって、思考力の育成には、少しも役に立ちません。このテストの成績が良いことで、全てが合格したと思い込んでしまいます。「点取り虫」と言われて、批判されても、社会は相変わらず、記憶力だけで人間の評価をして来ました。その為に、結果さえ良ければ、過程はどうでも良いと言う人間を大量生産しました。カンニングもその一つです。

二　心

人間は、心を持った動物です。心とは、どんなものなのか、地球上に棲息する全ての動物の中で、心と言えるもの持っているのは、人間だけなので、その心について、深く掘り下げてみれば、人間というものの正体が少しは、見えてくると思います。

心は、人間の体の何処にあるのか。胸に手を当てる人もいます。頭を抱える時もあります。それで、心の在りかがわかるのでしょうか。「頭を悩ます」、「胸が痛む」「腹を探る」この言葉は、人間の心の在りかを言っているのでしょうか。

心の状態は、常に変化するものです。ころころ変わるから「こころ」という。などと言います。「女心と秋の空」変わり易い例えです。（失礼！）人の心の変化に腹を立てる人を宥める時などに使う言葉です。

人の心は全く掴《つか》みどころがありません。信用することができるのか出来ないのか。「あの人の本心はどこに在るのか」とは、人間が日常生活の中で、頻繁に出会う問題です。本心の在りかを探る探知機が出来たら良いのに。探知機が無くても大丈夫です。人の心を知る方法は、会話です。言葉は心を表すものです。嘘も言います。会話の中で見分けるのです。

心に似た言葉に、精神や魂があります。どう違うのでしょうか。神社に例えてみますと、心は、境内全域を意味し、精神は、その風景を現わし、魂は、神殿ではないかと思います。いずれにしても、これら心や精神や魂は、人間の知能が造りだす抽象の世界です。頭脳の中で生ずる想念です。人間は、こうした想念を言語で認識し、言葉や行動に表現して生活しています。言葉による心の交流が、人間を一つの枠にまとめ、それによって、社会という共同体ができあがります。

心が正しい人間は、その生き方も正しくなります。心が正しくなければ、その人間の人生は、邪悪なものになってしまいます。心の広い人は、沢山の物事を受け入れます。包容力があるといいます。精神の高潔な人は、爽《さわ》やかな人です。確りした魂を持った人は、一点の曇りも無い鏡のように、接する人間の心を清らかにしてくれます。心とは、人間そのものです。

頭脳は、心という舞台を造って、その上で、様々な人間模様を繰り広げます。

その中に、感情があります。

感情とは、喜怒哀楽嫉妬や笑いなどです。俗に、人間は感情の動物と言われますが、日常生活を感情と共に過ごしています。面白い、悔しい、楽しい、悲しい、妬ましいなど全て心に生ずる感情です。このような感情が頭の中に充満していても、外に出さず、心の中に仕舞って置くならば、周囲の人間に、少しの影響も与えませんが、他人の前で、一度、言葉や表情に出すならば、相手の心に大変な影響を与えてしまいます。

感情を、露骨に、表に出さない人間のことを、「奥ゆかしい」と言います。人間というものは、心の動きを表情に出さないように努めても、どうしても出てしまいます。顔の色が赤くなったり、青くなったり、汗が噴出す人も居ます。感情の変化を表情に出さない人をポーカーフェースなどといいます。心という抽象的なものが、肉体の動きにどの様にして、連動するのか。人間の肉体や、心の構造の不思議なところです。

感情を殺すという言葉があります。心の中に、湧き上がってきた感情のうち、表に出してはいけない感情を、心の中に閉じ込めておくことです。それには、心を鍛える必要があります。感情は、水が波立つ様なものです。感情の敏感な人間でも、波立つことが無ければ、外に噴出すことはありません。そのために、常に、「平常心」で居なさい、と言います。

感情を波立たせる原因は何か。どうやら、人間の持つ欲と自我のようです。欲がなければ感情を刺激することもありません。自我を心の中に閉じ込めて置けば、感情が、凶器のように噴出すこともありません。

感情は、本能です。その強力な感情を抑えるのは、理性による自制心です。確りした自制心でないと、感情を抑えることはできません。人間は、理性を鍛えるために、修行をします。どの様な修行をすれば理性が強くなるのでしょうか。

先ず、感情や欲望を封じ込めることです。感情や欲は心が働く時生ずるものですから、心の働きを止めるのです。「無念無想」の状態です。そのために「座禅」があります。座禅をしている時は、自分の呼吸に専念します。そうすれば思考力が停止します。修行と言います。修行の先に、「悟り」があります。悟りとはどのようなものか良くわかりません。多分、「諦め」だと思います。欲をなくすこと、諦めること、この二つは、人間が、沢山の人の集まる社会で暮す限り、必要なものです。

平静な心、波の無い水面のような静かな心、この心をつくるために、日本人は、修行というものを行ってきました。「忍耐」「堪忍」と言います。堪えて我慢することです。この心が無いと争いになります。争いは、どちらにとっても良い結果にはなりません。修行とは、忍耐する強い心を育てるためにも有効です。

日本には、古来より伝わる、色々な、芸道があります。剣道、柔道、空手道、弓道、茶道、華道、書道、など沢山あります。芸とは、それぞれの技術です。技術を上達させるために訓練を重ねます。道とは、心です。日本人は、何事にも、技術の上達だけでなく、心の働きによって、真髄まで到達しようとしてきました。何故か、物ごとには、人間にとって有益な面と有害な面があります。それを扱う人間が常に正しい心で芸を使わないと、害の元になります。正しい心は、人間に災いを齎《もたら》さないという信念です。それぞれの芸の修行を通して、正しい心の育成を目指したのです。スポーツマンシップもその一つです。最近のスポーツは、勝つために、悪いことを、平気でやる。それも最高学府と言われる大学の中に於いて。「道」がないので、人間の品格が失われてしまったのです。

個性とは、人間一人ひとりの特性です。この感情や個性が、人間の表情や行動に、様々な影響を与えます。人は日常、沢山の人間と接触しながら生活しています。この感情の変化が、接触する人達の心に、影響を与え、その心の揺らぎが、人間関係を微妙に変化させます。感情や個性は、人間関係を、良好に保つ為の大切な要素です。そのために、人の心を読むことが求められます。

沢山の人間に出会って、注意深く観察すると、人それぞれの個性が見えます。これを重ねると、幾つかの類型があることも分かります。この類型を心の中に持っていると、初めて合った人でも、大方の人柄は分かります。これに長じた人のことを、「人を見る目を持った人」と言います。

このことを分かり易く説明します。二枚の紙に、夫々、違った大きさの穴を開けて重ねます。小さい穴の紙を上にした場合、下の紙に開けられた穴の大きさは分かりません。上下を反対にすれば、下の紙の穴の大きさは、良く分かります。人間の心は、この穴のようなものです。常に真摯な心で、沢山の人間と出会うことによって穴は大きくなります。そして、出合った人達との上手な付き合い方が、人生を稔り豊かにします。上手な付き合い方のコツは、簡単です。相手のためになることを、優先することと、相手を不愉快にしないことです。そんな「お人好では、自分が損するだけ」と思うかも知れませんが、それは、ものごとの見方が浅いようです。「盥《たらい》の水」という教えがあります。水を手前に掻き寄せても、平らになってしまう。向こうへ押してやっても、水は、勢いよく、此方へ戻ってきます。結果は公平です。公平になるなら、相手を優先すれば喜ばれます。「謙譲の美徳」ということです。昔の日本人は見ず知らずの人にも道を譲りました。現代の人たちは、尽き当たるようにして先にいきます。世の中がとげとげしくなりました。金儲けに忙しいのでしょう。

三　欲望

欲は、人間が生きる為に、不可決なものです。本能的な欲の代表格は、食欲と性欲です。通常の状態なら、全ての動物は、これらの欲を持っています。生きるための本能です。この他に、人間だけが持つ知能の働きによって生ずる欲があります。この欲を「欲望」と言います。この欲が人生を大きく左右します。正に、「両刃の剣」です。使い方によっては、わが身を助け、使い方を誤れば、わが身を滅ぼします。欲望を生み出すのは人間の知能です。欲望を使うのも人間の知能です。人間と欲望は、正常な状態では、主従の関係です。この主従が反対になって、人間が欲望に支配される時に、悲劇が起こります。どうして欲望が人間を支配するようになるのでしょうか。

欲とは、求める心です。望は、のぞみです。何を、求め何を、望むのか。それが欲望の正体です。人間は、欲望が叶えられれば満足します。満足すれば、心は、平和になります。欲望が、叶えられなければ、何処までも、追求するか、途中で、諦めるか、人によって異なります。又、欲望の内容によっても変わります。人間は、こうした欲望との係わりで、日々、心を煩わせています。満たされなければ不満足になります。人生の悩みの元は、如何にして、欲望を満足させるか、その方策を求めて、日夜、苦労しているのです。

心安らかに暮すためには、欲望を無くすることが、最善の道です。「無欲」です。健康で活力のある人生を送るだけならば、大方の欲望を無くしても、充分に生きられます。そうなれば、心は、平和で安らかです。

「立って半畳、寝て一畳、天下を取っても、二合半」人間なんて、正体は、これだけのものです。先人たちが、教訓を残しています。何故に、不要なものまで、苦労して、掻き集めるのでしょうか。そのために、要らぬ摩擦を起こしたり、不幸を招いたり、人間の愚かさの結果でしょうか。それとも、欲が持つ魔性の仕業ですか。

人間は、知能が発達して、心というものを持つようになると、その心に、様々なものを求める意欲が湧いてくる様になりました。知能を持たない動物は、本能に由来する欲だけなので、満たされれば、それで満足です。人間は、それに、知能由来の欲が重なったために、欲は、次々と、限りなく生じてきます。丁度、火山が噴出する溶岩のようです。一つの欲が満たされても、それは、束の間、次の欲が湧きあがって来るのです。無限です。大切なのは自分の欲を冷静に見つめることです。

人間は、年をとり、人生の経験を重ねると、その間に、色々な欲を経験します。経験することによって、欲の正体が見えてきます。正体が見えると、本当に必要な欲や、実現可能な欲だけを選び出して、それの満足だけを求めるようになります。賢くなるのです。年をとっても賢くならない人間もいます。欲望の支配から脱出することが出来ない人間です。そのような人間が、晩年になって人生を駄目にしています。

欲望は、身中の虫です。追い出すことはなかなか出来ません。出来ないならば、飼い馴らすか、抑え込むかのどちらかです。それをするのが理性です。欲望も理性も同じ心の中にあります。心という土俵で相撲をとる様なものです。理性を強くしないと負けてしまいます。常に心がけて、理性を強くしましょう。もう一つ方法があります。欲を弱くすることです。欲についてじっくり観察すると欲の正体が見えてきます。正体が見えると、安外つまらないものです。（こんな欲のために、夢中になっていた自分が馬鹿にみえてくる。）欲が萎んでいきます。

「欲の皮の張った奴」という。欲望が体の中にいっぱいで、皮が張っている状態に例えたのです。このような人間が世の中には沢山居ます。その果てに、空気を入れ過ぎた風船のように弾けてしまうのもあります。欲望で目が塞がれて、自分自身さえも見えなくなるのです。

欲には、自発的な欲と、他動的な欲があります。前者は、自分の心から、自然に発生してくる欲です。後者は、外部から刺激されて、発生する欲です。欲には、良い欲もあれば、悪い欲もありますが、心が正しい人間は、悪い欲は抑え込んで表に出しません。

外部からの刺激によって発生する欲は、刺激の裏に目的が隠されています。その目的を見極めないと、大変な落とし穴に落ち込む心配があります。

人間には、好奇心というものがあります。好奇心を刺激して、欲を掻きたてます。人間を支配するための常套手段です。そして蟻地獄のような穴に引きずり込むのです。

人間には様々な弱点があります。一番弱いのは、頭脳です。頭脳を犯すものは、情報です。人間が情報一つで簡単に操られてしまいます。情報は、発信する側の都合の良いものだけです。厳しい目で見分けないと、相手の思う壺に嵌ってしまいます。欲の皮の張った人ほど、壺に落ち易いものです。そのためには、自分の欲の正体を知っておくことです。正体を見極めるには「価値観」を使います。価値観に合格しない欲は捨てることです。

人間の持つ価値観は、生まれると間もなく、周囲からの刺激によって、少しずつ形ができます。背景は時代です。金を価値観の基準に置く人間は、金で苦労することになります。金は、単なる物々交換の為の道具であると認識すれば、本当の価値は他の処にあるのが分ってきます。

人間という生き物は、強い面と、弱い面があります。その強さが弱点になり、反対に弱さが強さにかわります。「数字に強い人間は、数字に弱い」とか「酒に強い人間は、酒に弱い」あるいは、「欲が深い人間は、欲に溺れる」など。日常生活の中で、この強い面が、実は、人間の弱点になる場合が沢山あります。有利な投資話に乗せられて、虎の子の預金を無くしてしまった話など、何時になっても、途絶えることがありません。原因は、深い欲です。

使い切れない程の財産があるのに、更に、欲に引き摺られて汚れた金に手を出して、晩節を穢す人間も沢山居ます。

「水」は、無色透明で、味も匂いもありません。更に、どんな形の器に入れても、逆らうことなく、さらりと器の中に納まります。「君子の交わりは、水の如し」などと言います。

昔の人は、人間の理想的な姿を、この水に重ねていました。溢れる生命力を持って生きている若者に、このようなことを求めるのは無理かもしれません。老後の人生の理想的な姿であるということを、記憶の片隅に入れて置くと良いでしょう。

「欲と二人連れになると、人間は、強くなる」と言います。欲と言っても、大概、物欲です。人間が行動を起こす原動力の中でも、単純で明快なものです。この欲望を上手にコントロールする事は、人間を動かす名人になることが出来ます。「欲心をくすぐると、人は動き出す」といいます。人を無償で、働かせては駄目です。結果的に騙すことになるからです。

四　人生計画（思春期の悩み）

人間は、ただ一度の人生を、与えられた寿命という時間の中で、休むこともなく、戻ることもなく、ひたすら前を向いて生きるのです。どの様に生きるのかが人生です。人生の目標とは、生き方の方向を予め決めることです。大海原を行く船のようなものです。海流や風の影響によって、方向や速度も変わります。目標があれば、方向も、速度も修正することが出来ます。目標がなければ、漂流と同じです。

人生目標の内容を、具体的なものにしたのが、人生計画です。目標や計画を、なるべく若いうちにつくれといっても無理です。

世の中のことや、自分自身について、分からないことが多い幼少年時代では、人生計画など出来ないでしょう。しかし、無理でも、一応やってみることです。自分の人生について、おぼろげに分かり始めたら、時折、話題にして、幼児や少年の心の中に、人生という概念を育てることは、意義のあることです。

小さい子に「大きくなったら、何に成りたい？」などと聞きます。大概、職業に関係した質問です。聞く方も、答える方も本気ではありません。意味のない会話です。しかし子供は、こうしたことの繰り返しによって、人生計画というものを子供ながらに意識するようになります。中具体的に考え始めるのは、思春期を過ぎる頃でしょうか。中学生か高校生になってからです。中心は、職業に関連したことです。職業には世の中の役に立つことと、自分の生活を維持することの二面があります。高校を卒業すれば、十八歳、成人です。この年齢になれば、現実的に、人生計画を造ることができなければなりません。

人生計画の骨子は、家族計画と職業計画です。家族計画は、自分が十八年間生きた経験と見聞したことで大体のイメージはつくれます。それは、結婚から始まります。

その前に、職業計画です。この年齢に成るまでに、職場見学やアルバイトなどで疑似体験や学習による知識によって職業というものを具体的に考える下地が無ければなりません。それは、自分の能力や特性を知ることも含めてです。これによって具体的な職業の方向が決められます。これからは、進学、就職ともに、職業の世界に踏み込むわけです。

方向が決まれば、あとは、大学進学か就職かを決めるだけです。日本は、学歴偏重の社会といわれています。それを考慮に入れて見てみましょう。大学進学は四年という時間と、かなりの学費を費やします。得るものは、職業への入り口と、学友という生涯の宝です。先輩、後輩もその一部です。進学しなければ、すべて自分ひとりの力で頑張ることです。黙々と自力を蓄えることが、武器になります。身分や肩書きに拘らなければ、案外安定した職業人生を送ることができるものです。実力が付けば、独立して自営も可能です。

大学を出ても、必ずその関連業界に職を見つけることができるとは限りません。関係の無い業界で働くこともあります。これも自分の努力が頼りです。大学進学率が高くなった現代では、大学卒の希少価値はほとんどありません。昔のようなエリートコースは無くなるでしょう。職業を考える場合に、絶対に忘れてならないことは、「職業を得て働く目的」のことです。そんなこと誰でも分かっているよ。いやいや、いざ本番になると、大半が忘れていますよ。働く目的は、家族の生計を維持することです。収入が目的です。

人生は、孫子の兵法です。己を知り、敵を知って戦えば、百戦危うからずと言います。高校を卒業すれば、人生という戦いの場に入って行くのです。それまでに、己という人間について十分認識することです。そして、取り組む相手の社会や職業について具体的な知識をもって方向を決めることです。

これだけの準備をしてもまだ簡単ではありません。運命というものがあります。大海を行く船旅と同じ、凪の日ばかりではありません。時化る日もあります。目標があれば迷うことはありません。自分の人生を迷うことなく一生懸命に生きるのです。

本格的な計画を策定するためには、沢山の知識が必要です。社会を押しなべて眺めてみると、明確な人生計画を作らずに、漠然と人生という航路に船出している人間が大半です。未来のことなど、わかるはずがありません。出たとこ勝負という訳です。一生が過ぎて、初めて、「おれの人生は、このようなものであったか」。となるのが大多数です。それはそれで良いでしょう。

こうした中にも、是非、確立して置きたいものは、「人生観」です。人生観とは、自分が、実現したいと思う人生のことです。人生に対する価値観です。

人生観を確立することは、簡単ではありません。人生というものは、一度、経験してみるとよく分かります。経験しないと、分かりません。たとえ分かっても、もう一度人生をやることは出来ません。

又、目標を定めて、進んできた道が、突然無くなることがあります。それも、長い人生には、幾度もあります。道が無くなれば、又、新しい道を探して、進むだけです。このとき、新しい道を探す能力が、「生きる力」です。

未経験の人間が、自分の将来について、目標を立てることは、大変難しいことです。これが思春期の悩みです。失敗したらやり直せば良いといいます。人生は、何度でも、やり直すことができると言います。この言葉は気休めです。

人生は、留まることも後戻りすることもしない「時間の流れ」に乗って進行しているからです。過去は変えることは出来ません。未来の進路の予定を変えることは出来ます。

そのためには、未来に対する正確な予測が出来なければなりません。その方法は、歴史に学ぶことです。「歴史は、繰り返す」といいます。それは、時代や個人は変わっても、人間は、変わらないから、同じ事を繰り返すのです。


今の日本人は、過去を知ろうとしない傾向にあります。古い物に用はない、と言います。骨董品以外は、商品価値が無いからです。商品価値とは、価格です。価格は金です。価値の基準が金だけになったのです。金額は分かっても、物の価値が分からなくなったのです。


物には、外見と中味があります。少し位、離れていても外見は分かりますが、目の前に居ても、中味は見えません。

成人や老人は、沢山の、人生の経験をもっています。これは、活きた教材です。同じ屋根の下で生活を共にすれば、人間の中味が見えます。そこで、多くの人生経験を学習することが出来ます。子供時代に、この経験を持って成長した人間と、経験の無い子との違いは、人生に、大きな差が出ます。

老人に質問してみてください。「もう一度、人生をやるとしたら、どんな人生を考えますか。」と。いろいろな答えが返ってくるでしょう。この何気ない問答の中に、人生の宝が込められています。

世間の親たちが、時折口から発する言葉に、「この子は、一人で大きくなった気でいる」があります。大変な思いや努力をして、育ててきたのに。子供は言う、「頼んで産んでもらったわけではない」と。これは、人間だけが繰り広げる光景です。これでは背中合わせの温もりさえも伝わりません。

人間社会だけです。親子の心の断絶した場面を沢山見かけるのは。親はわが子に生きる道を教えない、子は親から学ばないという現象です。原因は、知識教育偏重の学校教育です。これが教育の全てだと錯覚してしまったのです。

子供は学校に通わせておけば、それで一人前の人間に成長するとの錯覚が、社会に、大きな狂いを齎《もた》しています。知識教育では、人間の育成は出来ないということを忘れてしまったのです。

人生計画の主眼は、家庭を造ることです。家庭とは、親子、兄弟、祖父母が共に暮す社会です。家庭つくりの第一歩は、結婚です。結婚は、男性にとっても女性にとっても、人生の最大の事業です。生涯共に暮す相手を決めることです。双方が満足することができる相手を探すことは大変のようですが、実際には、それほど難しいことではありません。自然は、上手に、人間を造りました。ボルトとナットの口径や山のピッチにはかなりの遊びがあります。選択肢の巾は広くできています。それは人間が沢山の種類の能力をもっていて優劣はあるが、平均すると差が無くなるのです。ただ何処に選択のポイントを置くのかの問題です。「決めたら、迷うな」これが原則です。金のことなど、どうでも良い。学生結婚も生活の裏付けさえあれば問題はないでしょう。

世の中のことは、努力すれば、短縮することができます。しかし、子供の成長は、短縮も延長もできません。少なくとも、二十五歳前後には、子供を産みたいものです。自分が五十歳になる前に、子供は成人します。

人生計画に付いて、基本とするものを、確りと据えることです。先ず、「身の丈にあった計画」をたてること。次に、「誠実」という心を中心におくことです。そして家族が暮す家庭は何ものよりも優先することです。

五　価値観

「人間は、考える葦《あし》」といった哲学者が居ました。葦のように弱いけれども、考える力を持っている。記憶力も大切ですが思考力はもっと大事なものです。その思考力の基準になるのが「価値観」です。

価値観は、人それぞれに違いがあります。時代と共に変化します。人それぞれが持つ価値観は、生まれてから成人になるまでの間に基本ができます。時代や家庭環境、居住する地域の影響を受けながら次第に形が固まっていきます。

ものごとには、何らかの価値があります。その価値とは、それから恩恵を受ける者が、恩恵の大きさを評価します。評価は恩恵を受ける人によって異なります。人間が、ものごとの価値の大きさを決める基準が、その人が持つ価値観です。

日本では古くから「猫に、小判」といいます。西洋では「豚に、真珠」と言います。価値が分からないことの例えです。人間は小判や真珠の価値は、誰でも分かりますが、心の中にある価値は分からない人が沢山居ます。目に見えない価値がわかるようになるには、心がそのレベルに達しないと見えないからです。

人間のものの考え方や、行動は、皆、この価値観を基準にして進められています。人が、何かの価値を得ようとすれば、必ず、その対価を支払うことになります。対価とは、金に限りません。精神的、肉体的負担を対価と見る場合もあります。

冬、雪山に登山するとすれば、寒さに耐えることや遭難の危険など、多くの対価を払うことになります。この登山にそれ程の価値があるのかということです。価値を認める人は登山に出かけるでしょう。価値を認めない人は、冬山登山はしません。

価値観は、人間の知能の中にあるものです。知能の働きは、生まれてから次第に成長します。

知能の働きによって、価値観が形成される過程を見てみましょう。

価値観は元来、人それぞれの心の中にあるものですが、必ずしも自発的なものではなく、大部分は、外からから入って来たものです。親がもっている価値観からの影響が一番大きいでしょう。現代では、マスコミを通じて入って来る情報も大きな影響を与えます。流行というものがその代表です。一般大衆と言われる人たちは、ほとんど、この外部からはいってくる価値観に引っ張られています。自分でつくる能力を持っていないからです。

幼児は、生後間もなく、本能というものが機能し、続いて、感覚器官が機能し始めます。この頃に学習する価値観は、良いか悪いかです。スイッチのオンとオフです。それを教えるのは母親が中心で共に生活する家族です。家庭の価値観が、そこで育てられる人間の価値観の基本になります。六歳になれば、小学校に入ります。それまでに、しっかりと刷り込んでおかなければ成らないものが、道徳の基本です。道徳は、人間が社会人として生きる為には不可欠だからです。

難しいことは必要ありません。「嘘は言うな」「泥棒はするな」「人には優しくせよ」「弱いものいじめはするな」「卑怯者になるな」「一番大切なものは、金ではない、人間なのだ」「大人になったら真面目に働け」「人生は、自分の能力に応じて、誠実に生きることが大切だ」「食事は家庭でつくって食べるのが原則だ」「贅沢と無駄は止めよう」「上を見たらきりがない、己の分を弁えろ」とまあこんなことですか。

これだけのことを、就学前の子供の頭の中に、浸透させるだけで、その子は、人生を脱線する心配はありません。

小学校に入る頃になると、個人としての、思考力や判断力ができてきますので、家庭の価値観だけでなく、自分独自の価値観が形成されます。

価値観は、人間の心に芽生えた欲望をチェックします。価値観に合わない欲望は、没にします。当然、心の中では葛藤が起こります。価値観がしっかりしていれば、迷うことはありません。

価値観が、脆弱《ぜいじゃく》なものですと、外からの誘惑に引き込まれてしまいます。あまり欲しくない物を買わされたり、行きたくない処に行かされたり、不要な物を衝動買いもします。

人は、自分の抱く価値観によってものごとを評価し、欲しいと思えば、それだけの対価を支払って手に入れようとする。価値観が間違っていれば、支払った対価が無駄になる。

今の世の中には、間違った価値観によって、無駄な対価を支払っている人間、人生を駄目にしている人間が沢山居ます。一歩手前で気が付いて、止めれば助かるものを、それが出来なくて地獄に落ちてしまう。

決して難しいことではありません。「してはいけないことを、しないだけなのです」。

恵まれた家庭で育てられ、一流といわれる大学を卒業し、キャリヤー官僚や、大企業のトップにまで出世した人間が、子供でも悪いことだと知っている罪をおかして、輝いた人生を泥沼に沈めてしまう。この人たちは、賢いのか馬鹿なのか。今の日本には、利口馬鹿人間が、山のように居ます。多くの人が、毎日のように、無駄な対価を支払っている。無駄とは、知らないからです。間違った価値観によって、無駄な人生を過ごしているようです。

正しい価値観によって、正しい人生計画を造り、正しい日々を生きる、これが、本当の人生の損得勘定の方程式ではないですか。遠い昔から、沢山の人たちが、この問題で試行錯誤したようです。子孫のために貴重な教訓を沢山残しています。

価値という言葉を耳にした時、真っ先に脳裏に浮ぶものは何ですか。金ですか。地位や名誉ですか。家族ですか。贅沢な生活ですか。

人間なんて、小さなものです。大げさな考えよりも、瀟洒《しょうしゃ》な家に住んで、旨いものを食べて、上等な衣服や、車などをもって、世界中を観光して、人が羨む暮らしが出来れば最高よ。それとも、もう少し目線を上にして、一流大学を出て、大企業に就職して、高給取りになって、人より上のレベルの暮らしがしたい。大方、このようなことですか。

具体的なことになると、人それぞれ、色々な、価値観に差異があるでしょう。

人間には、生まれ付き備わっている個性や能力があり、生まれた時代や、家庭環境や、国や地域に違いがあります。宿命です。その宿命を背負って生きる人生を土台にして、己の価値観を造り上げるのです。あらゆる価値観の基本は、只一つです。それは、より良い人生を生きることです。生きて、生命を子孫に伝えることです。このことにプラスになることが、価値です。

最高の価値とは、人間の命です。今から思えば遠い昔のことになりますが、夜の湖で、ボートが転覆して、数人の若者が溺死しました。原因は、定員オーバーです。夜間でしたので、救助も思うようには行かなかったのでしょう。若者たちは、超一流大学の学生たちです。可哀そうなことをしました。そこで思ったことは、天下の秀才と言われる若者たちが、何故、大切な、自分の命を守ることが出来なかったのでしょうか。人間の賢さとはどの様なものですか。成人になるまでの間に、何を学んで来たのでしょうか。指導者たちは、何を教えていたのでしょうか。

一流大学に入っても、出ても、持って生まれた能力や才能に大きな変化が起きるわけではありません。人間の根源的なものを、見落としているようです。人間の基本を知らない天下の秀才が珍重される社会は、どこか狂って居ます。

学歴や、財力や、社会的な地位など、それを手にした人間だけが感ずる価値観です。人生は、競争ではありません。運動会の徒競走とは違います。「一等以外は、全部ビリ」ではありません。人生は、遅くても、転んでも、一生懸命走ることに意義が有るのだと考えればよいのです。人間の能力や運命には、格差がありますから、それを土台に生きるのです。

六　会話（会話は心の呼吸）

「会話」「お喋り」男も女も、区別無く、集って、お喋りを楽しんでいます。人間にとって、会話とは、如何なるものでしょうか。会話は心の呼吸のようなものです。

人間は、肉体と心で出来ています。この両者は、一つの体の中にありますが、心は肉体から離れて活動しています。

肉体は、呼吸をします。心は、会話をします。会話をしないと、心が、窒息します。会話とは、「心の呼吸」です。一人暮らしの人間が、話す機会がないので、精神的に、満たされない生活をしていると言います。猫や犬を飼う人も居ます。最近では、かなり高額なロボットも売れているようです。こうしたものを相手にして、話をしても、それは会話ではなく、擬似会話です。会話とは、人間同士の心の触れ合いなのです。

心は、人間の本体です。心は、手で触れることが出来ません。目で見ることも出来ません。生きた人間は心の働きによって生きています。その心が表面に出る時、一つは、肉体の動きになります。しかし、多くは、言葉によって表現されます。言葉は、それを理解できる人に向って発せられます。それを受けた相手は、心で受け止めます。その心の反応が言葉で帰ってきます。心と心の交流です。様々な人との会話は、知識や思考力も豊富になり、心の幅が広がって、人生を豊かにします。

様々な人との会話は、何時も、愉快なものとは限りません。どんな人との会話でも、普通の人間なら、楽しいものにしたいと願います。その為に、会話術というものがあります。

会話は、人間関係のパイプです。会話の上手な人は、人生を上手に生きることが出来ます。通常、会話は、言葉の往復です。しかし、大衆に向っての演説は、言葉は、一方通行ですが、やはり、会話の一種です。ものごとを表現することを叙事といいます。心の中に浮ぶものの表現は叙情です。叙事は地域の情報や出来事から、社会国家の政治、経済、国際問題など話題は沢

(1)相手を知ること
(2)話題や言葉の選び方
(3)話し相手が必要
(4)話題には、情報と思想の2つがあること
(5)沢山の情報が集まり、知識が豊富になること
(6)危険が潜んでいること

会話に必要な基本要素

山あります。主観を交えずに、相手に合わせてさらりと話すことが良い会話になります。いわゆる世間話です。世間話の中にも、控えめな知性が含まれることは、会話の品格が上がります。叙情即ち、心の中にあるものを話題にすることは、時と場合、相手によって違ってきます。とにかく、自分の内面を表に出すことですから、何をどの様に表現するか、その受け取り方も、相手によって様々です。それを計算に入れて話題を選ぶのです。無難な話し方は、少しずつ小出しにして相手の様子を見ることです。

会話は、通常は、やさしさや温かみのあるものが良いでしょう。しかし、人を説得するときや、改心させるような場合は、強力な話術が必

要になります。最も効果のあるのは、「晴天の霹靂《へきれき》」です。強烈な一発です。くどくどと尾を引くのは絶対に駄目です。がりがりっとやったら後は、元の優しい会話に戻ることです。相手の心に凛としたものが伝われればそれで充分です。

会話に付いての本が沢山出版されています。私は、専門家ではありませんので、会話について、論ずるほどの知識はありません。しかし、人生を振り返ってみると、会話は、沢山の場面で、私の人生の役に立ってくれたという思いがします。

会話には、基本的な要素が幾つかあります。思い付くままに、挙げて見ます。

(一) 相手を知ることです。会話には、お互いに共感するところがなければ、話がすれ違いになってしまいます。お互いの心の中にあるものが共通することが、必要です。それは話題です。

(二) 話題や言葉の選び方です。どうしても必要な場合以外は、相手の心が痛むような話題は、絶対に避けることです。不注意というか、無神経と言うか、不用意に、相手を傷つけるような言葉や、話題を口にして、会話が壊れてしまう場合がよくあります。政治家などの発言でも、問題になり、果ては、辞任になったりしています。
心に浮んだ言葉を、音声にする前に、喉もとで止めて、良いか悪いかに付いて、チェックするのです、そのために必要な時間は、〇・一秒位でしょう。この短い時間で、充分です。慣れれば、思考力は高速回転するようになります。この能力が発達すれば、失言は無くなります。人が、言葉を発することは、「命懸け」と覚悟してください。
以前、総理大臣になった或る政治家が、演説をする時、「えー」とか「あー」とか声を出しながら、話の間をとっていました。多分、発する言葉の吟味をしていたのでしょう。

㈢　話し相手。話し相手とは、日常目的の無い話題で、会話を交わす相手のことです。都会には、人が溢れています。しかし、話し相手は、一人もいません。山里へ行くと、人の数は、少しです。でも全部の人が、話し相手です。単純なことですが、これが話し相手というもののヒントになるでしょう。都会は他人の住む処、田舎は仲間の住むところです。他人とは、心の中が見えない人のことです。

㈣　話題には、情報と、思想の二つがあります。情報は、世間話しです。正確か、不正確かの違いはありますが、客観的なものです。思想は人の心です。主観です。
話す人の心である思想が、話題になる場合は、自分の考えと違っていても、決して、直接、否定してはいけません。意見を否定することは、人格を否定することになるからです。会話はそこで途絶えてしまいます。否定しないからと言って、同意すると決まったものでもありません。「和して、同ぜず」でよいのです。

(五) 会話は、沢山の情報が集り、知識が豊富になります。いろいろな人との会話は、人間というものがよく見える様になります。

(六) 会話には、危険が潜んでいます。会話は、相手に引き込まれることがあります。その結果、悪事に利用されたり、詐欺に会ったりします。マインドコントロールがあります。世の中には、人の心を巧みに誘導する技に長けた人間が沢山居ます。会話は、刃物です。扱い方を間違えると、相手も、自分も傷つきます。

私のような素人でも、挙げれば沢山の、場面が浮んできます。素人と言いましたが、私は、会話ということを論ずることが、素人であって、会話を使うことは、私に限らず、人間全てが玄人なのです。

人間は、会話をしないと、心が孤立します。心の孤立した人間は、世の中に居場所がなくなります。心の孤立した人間の数が、社会問題になるほど、増加しています。

街でよく見る風景の一つに、若者が連れ立って、喫茶店に入って行きます。席に向きあって座ると、それぞれが、雑誌を手にして読み始めます。会話は全くしません。話題が無いのか、雑誌を読むために来たのか。これでは会話は上達しません。会話の基本は、話題と話術です。会話を重ねることによって、話題も豊富になり、話術も上達します。人との交流の輪が広がります。

会話の少ない人間の増加は、会話に変わる便利なものが沢山生産されたことがげんいんです。人間に会話が無くなり、心の交流が途絶えると、社会は弱体化します。現実の世の中を見ますと、これから益々、会話の無い人たちが多くなるでしょう。電車に乗っている人の八〇％は、スマホを手にしています。人間の大切な心が、機戒に奪われています。

人間が何百万人住んでいても、心のつながりが無ければ、砂の山と同じです。塊まりになりません。

「いのち無き砂の悲しさよ、さらさらと、握れば指の間より落つ」　石川啄木

日本は辛うじて、社会や、国家の形態を保っています。それは、組織です。組織には、人の

心はありません。無機質なものです。今の日本の社会は、枠で囲った砂のようなものです。枠が外れると、バラバラになってしまいます。枠が無くても崩れない砂山もあります。それは水を含んだ砂山です。人間社会も同じです。水を含んだ砂は、心の通い合った人間社会です。法律や制度で縛った人間のつながりは、それが崩れれば、崩壊します。心の絆で纏まった社会は、それだけで堅固なものです。その心を結ぶものが会話です。

毎日、楽しい、心が豊かになるような会話ができることを切望します。

七　道徳と法律

道徳について、話を始める前に、確認しておきたいことは、道徳は、社会にとって、「邪魔者」ではないということです。

江戸時代から、昭和二十年の敗戦まで、日本人の社会は、道徳というものを大切にして来ました。そのお蔭で、国家体制の如何に係らず、暮す人たちにとって、経済的には、貧しかったけれども、平和な住み良い社会を造ることが出来ました。今日でも、外人観光客が、落し物が出てくることに驚いていています。日本人にとっては、当たり前のことです。

道徳とは、歴史を遡ると、徳川幕府が出来て、戦国の世は終わり、同時に、下克上の時代もなくなりました。江戸時代は、士農工商という階級制度の社会になりました。武士階級が庶民を支配ようになったのです。武力を持った、武士が、庶民の上に立って、横暴にならない為に実質的な縛りとして、大名に対しては、「武家諸法度」武士全体に対しては、「武士道」をつくりました。その中心に据えたものが道徳です。道徳の基本は、中国の、孔子を祖とする儒教から来たものです。

日本は、敗戦によって、消滅した国家が、民主主義国家として再発足した時、道徳を、捨ててしまいました。理由は、明治以降、日本がとった、天皇制、帝国主義、軍国主義などによって、自由主義、社会主義を主張する学者や文化人が、弾圧されました。戦争が終わり、横暴を極めた、帝国主義者や軍国主義者が、排除され、居なくなりました。アメリカの占領政策の下で、新しい日本の社会のあり方を考える時、道徳教育を止めてしまいました。道徳を武力と混

道　徳

||

仁、義、礼、知、信、和、忠、孝
道徳はこれら8つの文字の意味を知り、実践することにより成り立つ

道徳について

同したのです。その結果、日本国民は、道徳精神を持たない国民になってしまったのです。

人間は集り、社会を造って生きています。集団生活を円滑にする為に、秩序が必要です。秩序を維持するために、考え出されたものが、法律と道徳です。法律と道徳は、団扇の骨と紙に似ています。法律は、竹の骨です。その上に張った紙が道徳です。道徳は、強制力がありません。しかし、全体をカバーしています。法律は、強さはありますが、隙間だらけです。この二者が、補い合って、涼風を送ることが出来ます。

法律は、禁止事項を定めています。条文にあるものだけの範囲です。違反すると、罰せられます。全て事後処理です。そのため、被害者も加害者も未然に防ぐことは出来ません。道徳は、人間の心に作用して行動を正しくさせるものです。間違った行動を起こさせないためのものです。被害者も加害者も発生しません。人間の心に浸み込むものですから、細かく規定しなくても、全体をカバーすることが出来ます。隙間がありません。ただし、法律のような、強制力はないので、社会秩序を維持するためには、この両者が必要なのです。

道徳を分かり易く説明するために、以下の八つの文字を使っています。

「仁」自己抑制と他人に対する思いやりです。

「義」私利私欲を捨てて、公共のために尽くすのが、人間として、立派な生き方である。

「礼」社会秩序を保つための、日常生活の過ごし方です。礼儀正しい人間のことです。

「知」知とは、ものごとの、善悪を区別すること。

「信」信は、人を欺かないこと。社会は信頼が無ければ成り立ちません。

「和」平和です。穏やかなこと。

「忠」忠とは、国家に対して忠節を尽くすこと。日本は民主主義国家です。国民の一人ひとりが、国の主権者です。自分の国を大切にすることが「忠」です。

「孝」　父母を大切にすること。父母の恩を忘れずに生きることが、良い人生を造る基本になります。

品格のある国や社会を造るためには、先ず、国民に品格がなければなりません。品格のある人間とは、どの様な人間かについて、分かり易く、具体的に示したのが道徳です。

人間は、生まれてから、成人するまでの間に、道徳を守る心を身に付けなければなりません。それなのに、日本は、一九四五年の敗戦を境に、この大切な、道徳教育を止めてしまいました。その理由は、述べたとおりです。当時の、日本の指導者たちが、錯誤の結果、決めたことです。その後、十数年経って、小・中学校で、修身教育の時間が設けられるようになりましたが、とても力が足りません。少しばかり形を造っても心が入っていません。

教育する立場の人たちに、道徳に背を向けた考え方が多かったからです。この状態では、学校教育では道徳教育は出来ません。民主主義や自由主義を、我が儘勝って主義と思っている人間たちに、道徳を教えることはできません。長い間、本当の道徳というものの教育がなされずに、世代が、二代、三代と代わり、現代では、国民の大半は、道徳の心を持っていません。その表れが、現代の世相を見れば、よく分かります。人々の心が荒れ放題です。理屈ではありません。現実が物語っているのです。

道徳は、特に難しい学問や芸術などではありません。遠い昔から、人間が住み良く、品格のある社会をつくろうとして、人間の知性がつくったものです。それを、子供を育てる教育の中心に据えていたのです。貧富や教育程度の差を問わず、親たちは、わが子に「嘘は言うな」「卑怯者にはなるな」「人のものは盗るな」「真面目に働け」「稼ぐに、追いつく貧乏はない」と、繰り返し、言い続けたのです。こうして、日本は、生活は貧しくても、品格のある心を持った人間の暮す国になったのです。それが大きく変わってしまいました。

今の日本は、物は豊かでも、人たちの心には、冷たい風が吹き抜けているようです。

これから先の日本、道徳を知らない親が、我が子に、道徳教育をしなければならないのです。有識者といわれる人達は、人間造りと、知識教育の区別が出来ていないようです。知識と人間は、別物です。道徳は人間の心に浸透することによって、人間を完成させるのです。

人間は、基本は何千年も前から、ほとんど変わっていません。知識は、人間が作り出したものので文明という最近のものです。人間が造り出した文明だけを追いかけて、基本である人間を育てることを忘れていると、土台が朽ちた建物の様に、自然崩壊の現象が起こります。

足腰が弱く、頭だけが肥大化し、その上、目は上の方ばかり見るようになって足下が、まったく見えていない人間ばかりです。まともな人生を送ることができなくて、ばたばたと倒れていく世の中になってしまいました。

第三章　文明と文化

一　文明

改めて、文明について考えてみます。文明は、人間が、森の中の樹上生活から、草原に出て、直立二足歩行を始め、その直立姿勢で、頭脳の重さを支えるのが容易になり、頭脳発達の一因になったようです。さらに、不要になった前足が手となり、筋肉や神経が発達して巧妙な動きをするようになりました。

頭脳の発達は、言葉を造りました。仲間同士の情報交換は、他の動物にもありますが、人間のそれは、単なる情報交換ではありません。頭脳の働きを伴っています。

発達した頭脳が、生活を少しでも、豊かなものにしたいとの願いをもって、考え、造りだしたものが文明です。始めは、申すまでもなく、食糧の調達でしょう。自然界にあるものに頼っているだけでは、不安定です。絶えず、飢餓状態と隣合わせだったことでしょう。農耕牧畜を始めたことによって、食糧調達は飛躍的に改善されました。

農耕牧畜は、一人ではできない作業です。協業化することによって生産力は向上し、備蓄もできます。特に家畜は、飼育をしているのですから、保存の心配はありません。いつでも新鮮な畜産物を食べることができます。

人間は、何時の頃からか、雑食性になりました。雑食性といえども、制限はありますが、食糧調達の幅は、格段に広くなります。含まれる栄養素も、多種多様になります。


人間の体格を見ると、現在のサイズが、諸条件のバランスに適したものなのか。大き過ぎては、食料や活動力の面で不都合です。又、小さければ、生きるための力が弱くなります。

体力以上に、強力になったものが、頭脳です。この頭脳が、人間を、地球上の生物の頂点に引揚げました。その手段となったのが、文明です。文明は、「道具」をつくることです。人力では、何もできません。それを可能にするものが様々な道具です。分明とは、道具の開発と言っても過言ではないでしょう。

最大瞬間スピード、時速三六キロの人間が、時速一〇〇〇キロの飛行機で飛ぶ。顕微鏡は、人間の目では見ることの出来ないもの見ることが出着る。行くことの出来ない宇宙の果まで行って、探索するロケット。全て、人間の頭脳が造り出したものです。

文明は、果物に例えることができます。初めは、青く硬い果実が、熟するに従って、色付き、糖度も増して、甘くなります。硬さで、重さを支えていた繊維が、糖質化して柔らかくなり、重さに耐えられなくなって、落下します。文明社会を支えているのは、人間です。文明が発達して、人間が軟弱になると、社会が弱体化し、崩壊します。世界の各地に勃興した多くの文明が、爛熟した末に、崩壊しています。現代の日本が正にその局面に立ち到っているのです。もし今の文明社会を崩壊させたくないならば、文明によって劣化した人間の強化を図ることです。ぬるま湯にどっぷり浸かった今の人間たちに、果たしてそれができるでしょうか。二酸化炭素の排出問題、原水爆禁止、銃規制、どれ一つとっても即刻実行しなければならない問題です。文明の終わりがスピードを上げて近づいてきます。果物のように完熟させてはならないのが文明です。

高層ビルが林立する大都市。蟻の巣のように掘り進んだ地下鉄網。列島全体を走る鉄道や高速道路。全て鉄とコンクリートで造られています。耐用年数は限られています。これからの日本国に、これらのインフラを再生する力がどれだけ在りますか。又、ほとんどの構造物は電気で動いています。停電は致命傷です。絶対に停電しないという保証は何処にもありません。大都市のビルの地下や地下鉄など、高さは水面下です。浸水しないという保証が何処にもない。専門家といわれる人たちは必ず「想定外」でしたといいます。初めから、想定していないのです。「無責任」というものです。

車が走らなくなった高速道路を鹿や猪などが走り回る光景を想像する人がどれだけ居るでしょうか。出鱈目を言っているのではありません。現実に、福島の原発事故のＴＶ報道をみれば良くわかることです。

文明社会を一本の大樹に例えると、大きく繋った枝先には、沢山の葉や、色鮮やかな花々が咲き誇っています。この葉や花たちは、陰で支えている根や幹のことを考えません。考えようともしません。ある日突然、水も養分も来なくなりました。慌《あわ》てても手遅れです。幹は空洞化し、根は枯れ初めて居るのです。樹木医を呼んでも、何処にも居ません。

文明が発達するメカニズムは、分業化と専門化です。分業化することによって、一人ひとりの力を、一点に集中することが出来ます。そして専門家を育てます。大木の枝先に繋った葉や花です。葉や花は、自分の周りのことしか知りません。

文明が爛熟《らんじゅく》した社会が崩壊を免れる道は在るのでしょうか。難しい問題ですがあります。爛熟させないことです。人間にそれが出来ればという話です。ある小説に、満月の夜、沢山のネズミが列を成して草むらを進んでいる。その先には、水を湛えた大きな池がある。ネズミたちは、少しも躊躇《ちゅうちょ》することなく、水の中へ、入っていった。

文明に向って、突き進む人間の姿が、このネズミたちに見えて仕方がなかった思いが、記憶の隅に残っています。私はネズミに問います。何故池には入ったのですかと。ネズミの答えは、「皆が行くから」です。

文明社会で育った人たちの大多数は、物の豊かさだけが人間にとっての「価値」と信じて疑がいません。この虜になった人間に、どれだけ警鐘を鳴らしても、多分、耳には、入らないでしょう。それが人間の限界なのかも知れません。

金持ちになった日本人は、沢山の人たちが、世界の各地を観光旅行しています。目的地の多くは、古代文明の遺跡です。全て、文明社会が繁栄し、そして消滅した後に残ったものです。それを見て、現在、繁栄の頂点にいると思っている人たち、我が社会の未来の姿であると思う人がどれだけいるでしょうか。

文明社会が崩壊するのは、文明を進化させた人間が、文明によって劣化されるからです。詳しく言いますと、文明をつくった人間は劣化しません。文明を造らずにその恩恵だけに浴している人間が、劣化するのです。昔よく言われた「三代目の馬鹿息子が身代を潰すと」。馬鹿息子と言っても、人間が馬鹿というのではありません。造る苦労や努力を知らないから、正しい使い方が分からないのです。

二　文　化

文明と兄弟分のようなものに、文化があります。文化と文明の区分は、必ずしも明確ではないようです。ただ、文明が物質的豊かさを求めているのに対して、文化は、宗教・道徳・学芸など精神的豊かさを求めているものです。物質文明に対して、精神文化ということです。

文明が形あるものならば、文化は形のないものです。文明がもたらすものは、人間の肉体に満足を与えるもので、文化は、心に潤いを与えるものです。

「花より団子」「衣食足りて、礼節を知る」などは、物質文明が先で、精神文化は後から来るものと言っています。人間はまず、衣食住を手に入れることが、生きるために絶対条件です。

文化は、人間の心の世界を豊かにするものです。人間は、知能が発達したために、実在しないものまで、意識の中につくるようになりました。心の世界です。心の世界には何でも有ります。ただし、実在はしません。人類は、実在しない、心の中だけの想念を、客観性のある、実物によって表現するために様々な努力を積み重ねてきました。

心の中に生じた想いを文字で表現する文章や詩歌、有形無形の美意識を目に見える形にする絵画や彫塑、陶芸、人間自体が演ずる歌や踊り、必需品である建築物や道具類に付け加える装飾など心に潤いをもたらすものです。

この範疇《はんちゅう》に入るものかどうか、宗教があります。私は、宗教に付いて論ずる知識も資格もありません。身の回りにある僅かな見聞を頼りに感ずることを、まとめてみたいと思います。

日本には、古来より神道があります。森羅万象到る処にいろいろな神が宿るという考えかたです。「八百万の神」です。人間の知恵や力の及ばない自然界を全て、神の力と考えて崇拝し信仰の対象としたのです。日本全国、集落ごとに、「氏神」を祀り、人々が住む土地の鎮守の神として崇拝してきました。毎年、日を決めて神社の祭礼を行っています。神輿を担いで村中を回り、神社の境内では、神楽を奉納する。各家庭では、親戚を招いて供応し、血族の絆の強さを確認します。

祭りは、農繁期の始まる前、桜の花の咲く春か、農作物の収穫が済んだ秋の、良い季節に行われます。農業や漁業など自然相手で季節的制約のない商工業の街では、農漁村の祭りとずらせて、夏祭りを行います。列島という他に例の無い恵まれた国土、気候が温暖で、農産物・海産物の豊かな島国は、人々が平和で豊かに暮らすことができます。そこに暮す人々の心を一つにするものが氏神であり、年に一度の祭りです。祭りの楽しさは、子供の心に深く浸み込み、郷土愛となって生涯消えることはありません。

神は、日本人の大部分の日常生活に溶け込んでいます。毎年繰り返される生活のリズムに中に、あるいは、人生の節目に到った時に、人々は、神に願い、神に感謝をします。

善良な人たちは、心の中に、神を置いて生活しています。神は偉大な力を持って、己を見張り、時に、苦境に立ち至った時には、助けてくれると信じ、自らの努力を尽くし、救われているのです。毎年造られて、手許に回って来るカレンダーを見ても、沢山の祭日が記されています。この限りにおいては、日本人の宗教は、限りなく温和で人間味のあるものです。

この様に穏やかな宗教が生まれ育ったのは、人間生活を支える気候風土が温暖で、衣食住を手に入れることが容易であったからです。海に囲まれた島国は、外敵の侵略も少なく、衣食の生産性が高いので、狭い土地でも、沢山の人間が争うことなく、共生することできます。

草木も生えない乾燥地帯、反対に、高恩多湿の熱帯雨林、雪と氷に閉ざされた寒冷地、急峻な高山などでは、常に、飢餓や侵略の恐怖を警戒しながらの生活になります。そこには、文化を求める、平和な心が生まれる土壌がありません。

人間が、自分自身を客観的に見ることは、知能の働きがないとできません。人間が、自らの無力を悟った時、万能の力を持つ、神の存在が浮んできます。神に救いをもとめるのは知能の働きです。自分が何の努力もしないで神が助けてくれるとは思っていません。「神は、自ら助ける者を助ける」です。

日本人の多くが、神として、信仰や崇拝の対象にしているのは、神仏です。神は、人知を遥かに超越した力と、正しい心をもって、人間や、宇宙を見守っているものして、神の存在を信じています。人間は正しい道を歩むことが、神の心に従うものと考えています。仏教は、少し違います。仏を崇拝することは、先祖の崇拝と供養です。

一般に、宗教とは、特定の教団に所属し、戒律によって縛られ、決まった行事に参加するものです。日本の一般の庶民は、このような、枠にはまることも無く、心の中で、自分が、信ずる生き方と、神の心を同居させています。

神社や仏閣は、信仰ではなく、参詣という形の観光施設の時代になりました。

神を信仰する心は、素朴で純真なものです。裏側を覗き見するような、邪念があっては、神を信仰する心が曇ってしまいます。しかし、科学的知識が民衆の隅々まで行き渡った現代、自然現象と神の力を結び付けなくなりました。そのため神に対する畏敬の心が薄れてしまいました。やむなく、観光業への方向転換です。それと同時に、聖職者も悪びれることも無く、俗界へ出没です。

科学技術の進歩は、人間の心を傲慢にしました。「何でも征服する」という意気込みです。この「敬虔さ」を失った心が、人間を見る目を曇らせる様に成りました。人間というものの正体が見えなくなってしまいました。

日本人の中には、神を、自分の心の中だけに持っていて、己の人生を、仰ぐ星のように大切にしている人も沢山居ます。朝や晩に、自分の神に向って手を合わせています。多くの日本人は、素朴な願いを神に求めます。願いが達せられるかどうかは、疑いません。願いが叶えば、神様のお蔭と思って感謝し、叶わなければ、運命と思って諦める。これが日本人の多くの人たちの宗教です。

昨今、外国人の、流入が増加しつつあります。これからの社会に、宗教という問題が、どの様な影響を及ぼすのか、気に掛かります。民衆が、物質的に貧しく、支配階級に抑圧されていた時代、心のどこかに、救いを求めたのが、宗教です。

仏教は、遥かな昔に、聖徳太子が、国家統一のために、中国から導入したといわれています。人心を纏めるために、法隆寺を建立し、十七条の憲法を制定し、大和を中心とした国家の形態を整えようとしたのです。その後、最澄、空海、道元など多くの仏教徒が出て、全国に広めました。

明治になって、「神道国教化政策」がとられ、神仏分離令が出され、各地で寺院や仏像の破壊が行われたこともありました。

やがて「廃仏毀釈《はいぶつきしゃく》」の嵐が過ぎ去り、仏教は庶民の処に戻りました。原因は、江戸時代にキリスト教防止のために、人は皆、何処かの寺に所属する檀家制度が採られていました。そこで葬式や先祖の霊の供養してきた経緯もあり、廃仏毀釈の嵐が静まるとともに、寺は、葬式仏教として復活しました。しかし、宗教としての存在感は戻りません。現代の寺で法要などの時に、僧侶が経を読みますが、それを聞いている人達のうち、何人が、その意味を理解しているでしょうか。如何に、仏教が形骸化しているかということです。

民衆の中に存在した宗教の象徴としての、鎮守の神や、檀家寺は、地域社会の衰退と共に消滅の様相を呈してきました。同時に、先祖に対する尊敬や崇拝の心も消えようとしています。その姿はまさに、過去も未来も無く、人々は現在という瞬間に生きているだけになったのです。最近の世相を見ると、文化というものが益々、陰を潜めていくようです。存在を大きくしているのは、心の潤いではなく、金儲けのための商品です。心の品格を高めるようなものが、本当に少なくなり、大衆受けを狙った奇抜さだけの氾濫です。これらは真の文化ではありません。

宗教が形骸化し、変質した原因は、経済発展と科学の進歩にあります。神に救いや願いを求めるのではなく、金によって、心の隙間を埋めようとする時代になりました。又、神は、人間の知能が描く空想の世界にあるものです。その空想の世界に、科学が入って来て正体の解明を始めたのです。それによって、神の居場所が無くなってしまったのでしょう。

更に、物質文明が膨張した結果、「金」が神にとって代ったのです。

考古学の研究が進んで、古代人の姿が、遠目に見る程度に知ることができるようになりました。土器や洞窟の壁画などの遺跡に見られます。食べて、子供を育てるだけで精一杯であった時代に、絵を描くことや、物を入れる土器に装飾を施している。技法は稚拙でも、心は、かなり進化していたように思われます。

文化は、人間が心の潤いを求めて進化した、極めて、抽象的なものです。文化は、空腹を満たすことも、寒さを防ぐこともできません。物体として実在するものでないからです。

歴史的に見ますと、文化の推進役を務めた者は、奴隷によって生活を支えられた貴族たちです。それぞれの時代に、花開いた文化を陰で支えた者は、奴隷や、貧しい生活に耐えて働いた下層階級の人間たちです。

現代は、生産技術が発達し、奴隷など居なくても、日本は、人間全てに、文化を生み出すほどの生活のゆとりが行き渡る時代です。それにも拘らず真の文化は衰退の一途といった状態です。


人間の本性かもしれません。衣服が容易に手に入るようになれば、敢えて破れたズボンを穿く、みすぼらしい姿で街に出てくる、食べ物が豊富に成れば、食事の作法などお構いなし、街中を食べ歩きする。衣食足りて礼節など見向きもしない。生活にゆとりができれば、文化など用はない。ということのようです。

現実はどうなのか、もう一度、世の中の様子を見てみましょう。

文化の代表のような、「伝統のある芸道」、「人間の心の様々な模様を写し出す文学」、「心に浮ぶ想念を形にした絵画や彫塑」、「心の安住を求める宗教」など、全てが、金儲けに余念がありません。伝統的文化は「芸道」です。純粋に、技術や心を伝える日本の誇る文化です。現代では、芸道が、高価な商品になってしまいました。庶民は、「暖衣飽食」で満足して、心など、どうでもいいやの、状態です。文化が高額で取引きされる時代です。文学と称する何十万部のベストセラー、絵画や工芸品は、お宝と称して、その価値は金額で表示されるようになりました。芸は大きな口を開いて笑い転げるだけのものが脚光を浴びて、金儲けに余念がない。歴史ある伝統文化も宗教も金儲けに、なりもふりもお構いなしの状態です。

三　資本主義

社会の文明を推進するものの一つに、資本主義があります。資本主義は金儲けを目的する経済システムです。金を儲けるために様々な努力や競争をします。それが、今日の文明社会をつくったと言っても過言ではありません。人間生活に必要な、物事を、効率よく生産し、世の中を豊かにする大変に有効な経済組織です。しかし、全てが良いわけでは、有りません。悪い面も幾つかあります。その悪い面を知らないと、不幸の淵に落ち込んでしまいます。

人類は、必要なものを生産することによって、豊かな社会をつくってきました。それが、文明社会です。以前は、物を造るための動力は、人間の力が中心で、一部に、牛馬といった畜力や、水力、風力などを利用しました。この時代は、生産性も緩やかなもので、物は大切に扱われ、質素倹約の時代でした。

十八世紀から十九世紀の初頭にかけて、ワットが蒸気機関を実用化しました。これが動力革命です。この動力を使った生産手段の発達により、物が大量に生産できるようになりました。ここに目を付けたのが、資本主義です。資本を投じて、大規模な生産設備を造り、労働者を雇って、商品を大量に生産し、販売して金儲けを始めたのです。産業革命です。金の有る人は資本家になり、金のない大衆は、労働者になりました。資本主義社会の出現です。

資本主義は、自由主義社会でなければ発展しません。競争の自由が必要なのです。競争は、人間に、最大限の努力を促し、世の中は、急速に進化します。競争の資本主義社会は、物の生産が、量的にも質的にも急速に進展します。

大量に生産される良質な商品が、市場に溢れるようになります。デパートや大型スーパーマーケットの売り場を見れば、資本主義社会の生産力がよく分かります。全ての価値は金に集約されます。如何に有用なものでも、売れないものには価値は認められません。

人間にとって、資本主義社会は、一概に、豊かな社会とは言えません。如何に良質な商品が、山のように陳列してあっても、それを勝手に、手に入れることは出来ません。金が必要です。資本主義社会の都会では、金がなければ、腰をおろすことも、一杯の水を飲むことも出来ません。全てが商品だからです。

都市で生活する人間にとって、必ず、必要なものは、金です。金を手に入れる方法はただ一つ、物を売ることです。売るものを持っていない人間は、何を売れば良いのか。それは、自分の労働力を売ることです。労働力は、人生の一部です。金との交換に労働力を提供して働くのです。勤労者です。時には、身分だけが拘束されない奴隷同様に働きます。

資本家は、資本を投資して金を儲け、その金も、又、再投資して、資本の力は、益々強力になります。競争に勝つために、更に良い商品の開発にも全力投球をします。

こうして、生産した商品は売らなければ、意味がありません。売る先は、消費者です。諸費者の大部分は、勤労者です。勤労者たちが豊かならば、物はよく売れます。勤労者たちが、貧しければ、物はあまり売れません。勤労者たちが豊かになるためには、彼らの労働力を高く買ってやることです。これが正常な資本主義社会の姿です。

資本家ならば誰でも知っていることです。しかし、労働者に対して、沢山の賃金を払うことをしません。人間は自己中心的だからです。

資本主義社会も、最初始めた人たち、創業者は、大変な苦労や努力をして企業を軌道に乗せました。その時、共に苦労をした労働者の存在を高く評価していました。田畑に作る農作物と同じです。土作りから始めて、営々と育てた農家が稔りを収穫する喜びと似ています。二世三世となると育てる苦労を知らずに、稔りだけが手には入ります。働いた人たちの労苦が分かりません。

現代の資本主義社会の経営者たちは、二世三世です。全てとは言いません。大多数が、勤労者の苦労を知りません。自分の欲だけが中心になります。働く労働者は単なる金儲けの道具としか見ません。経営者として失格です。


国民の大部分を構成する勤労者が豊かでなければ、国内需要は、大きくなりません。勤労者に、高い賃金を支払うのが嫌だということで、内需を高めることを諦め、海外に輸出することで、販売促進をしようと、海外市場の開拓に力を入れるようになりました。国民は軽視されているのです。低賃金で働く人が居なくなると、海外の安い労働者を、入国させる。日本人が日本人を踏み付けにする。これが、欲望の資本主義の正体です。資本主義が変質した姿です。原因はなんですか。目先の欲と、道徳心の欠如です。

資本主義社会の中心にあるものは、企業です。企業を経営するのが経営者です。経営者の質がそのまま資本主義社会の品格に繁栄されます。最近の経営者の質の低下が急速に進んでいます。

資本主義社会では、金が力を持っています。資本家に道徳心が無いから、金の力で庶民を踏み付けにします。踏み付けられた庶民は、泣き寝入りです。結果、貧困と格差の社会になります。金の力を自分の力と思い違いをする馬鹿な経営者たちです。

明治・大正・昭和という激動の時代に、資本主義社会の推進役の先駆者が沢山居ました。多くは、企業の創業者たちです。当時の企業家の中には、経営に道徳の精神を吹き込んだ人が沢山いました。彼らは、（経営者が先に、儲けようとすると、仕事が汚くなる。経営者の儲けは、一番後で良い）と言っていました。現代の経営者は、自分が儲けるためなら、嘘も言う、弱い者を踏み付けにする。そうした人達は、一般大衆が大切なお客であることが分かっていないのです。顧客を大切にしない資本主義は自ら、将来の繁栄の道を閉ざしているのです。

資本主義は、自由競争の中で、活動しています。競争に勝たなければなりません。競争に勝つということは、生産した商品を計画通り、販売することです。それには、先ず、顧客の需要が無ければできません。人間は沢山の欲を持っています。その欲が欲望に変わる時に、需要が生まれます。商品を売りたい資本主義は、あらゆる手段を講じて、欲望の掻き起しに務めます。マスコミの媒体を使って、薔薇色《ばらいろ》の夢を広げて見せたり、美容や健康の不安を煽って、恐怖心を抱かせたり、あの手この手を使って煽ります。

人間本来の、需要は、それ程大きなものではありません。「必需」というものです。必需以上に物を販売するために、付加価値という虚飾を付け足します。それは一種の幻影です。現代の人間は、つかみようの無い幻影を追って、日々の生活をする者が多くなりました。外部からの刺激による幻惑です。上ばかり見て、足下が見えなくなっています。


資本主義社会は、大量生産、大量消費で七十年余りの年月を、ひたすら、走り続けてきました。その結果による、「ひずみ」や「廃棄物」や「破壊」が多発する様になりました。多くの人間が命を落としたり、不幸になったりしています。「人間自体が劣化」して自分たちが住み暮す社会が壊れるのを止める力がなくなったのです。このことは、誰でも知っています。それでも、止められません。文明が行き過ぎて悪い面が表にでてきたのです。

自由に競争すると言っても、ルールが必要です。ルールが無ければ、弱者消滅ということになります。まさに、「仁義なき競争」です。

競争に勝つためには、戦略や戦術で優位に立たなければなりません。人間の知能には限界があります。何が何でも、新しい戦略や戦術を打ち出さなければならない。その為の無理が罷り通っています。TVの映像を見ていると、人間の知恵は出尽くした感じです。それでも目先の変わった映像を造り、放映し続けています。そのために、内容は劣悪化の一途です。それを見て、成長する子供たちは、どんな人間に成長するでしょうか。絶望状態です。

よろしいですか。劣化した資本主義の幻影から、目を覚まし、元の人間の心を取り戻して、自然と共に生きる人間社会、正しい資本主義社会を再現しようではありませんか。そしてもっと「自然」を大切にするのです。人間は自然が造ったものです。「金儲けの文明」のための自然破壊は、人間を破壊することになります。人類の進化は極めてゆっくりです。人類のための文明の進化は、ゆっくりが一番よいのです。

四　食は人生

「人生は、食べることなり」と申しました。その食べることについて、考えて見ます。食べることとは、皿に盛った料理を、口に入れて食べる、それだけではありません。人間にとって、食べるということは、登山のようなものです。

山に登るには、登る山を決める。登る日、同行するメンバー、行程などを計画して実行します。この全てを含めて登山です。ただ、山頂に到達すれば良いというのは、本当の登山ではありません。

食べる人は、何を食べるかを決めたら、食材の用意、調理、食卓の準備、配膳、などが整って、初めて料理を食べます。食べた後の片付けなど、この全てを含めたものが、人間の食べるということです。これが日に三度、生涯を通して続きます。

食は、人生の主要部分です。人間は、自立して、食べることが出来れば、それだけで、充分に一人前です。

現代では、この、皿に盛る以前の、人生の大切な主要部分である「食べ物造り」という行為が商品として、販売されています。調理済み食品やレストランです。人々は、そのことに、少しの疑問も持たないようです。人生は、「自分や家族が食べるもの」は自分で造るということが、生きることの主要な部分であるということを。それを、横取りされて売られているのです。横取りされた「食べ物づくり」という人生を、買い戻す金を稼ぐために、人生にとって少しの意味も無い仕事をして金を稼ぐ、あくせくとした生活を送っている。

口に入った食べ物は、口の中で、咀嚼《そしゃく》され、胃に送られます。口の中では、唾液、胃に入ると消化液などの分泌液が混入され、食べた物は、消化されて腸の中で栄養分が吸収されます。不要な物は、糞として排泄される。このようなことは、子供でも知っています。

商品化された食べ物の、材料や料理の内容について、充分に承知した上で口に入れていますか。そうではないでしょう。多くの人は、口に入れて、咀嚼し飲み込むだけの食べ方です。

ここで問題にするのは、食に対する認識と価値観です。食は、人生の主要な部分であるという認識がどこまであるでしょうか。
食は、「享楽」の一部と考えていませんか。食べ物を選ぶ基準を「旨いもの」を優先にしていませんか。高価な料理を、良い食べ物と思い込んでいませんか。食べ物の品質を、旨いか、不味いかで決めていませんか。それは食べ物を口に入れて食べるだけの食べ方です。

人間が食べるものの、一つひとつが、人間の生命を左右しています。そのことの認識が無く、毎日、成り行きで食べていると、大変なことになります。

食べる目的は、栄養の補給です。生命を維持する為です。味覚は、食べ物の種類を見分ける手掛かりです。これは人間の知性が言う言葉です。我々凡夫は、腹が減ったから食べるのです。それでも地球という神は許してくれています。しかし、食べ物の中味までは、面倒をみてくれません。どの様なものを食べるか全てが、自己責任です。

栄養には、大きく分けて、二種類あります。肉体を造るための栄養と、生命活動の源となるエネルギーを含んだ栄養です。皿に盛られた料理にこれらの栄養がどれだけ含まれているか知らなければなりません。口当たりの良いエネルギー源ばかりを食べていると、骨格や筋肉のひ弱な肥満児になってしまいます。その上で、痩せる薬や器具を買って服用したり腹に巻いて苦戦している。

料理の材料、即ち、食材は、生産から流通の過程を経て、手に入り調理されます。この間、沢山の人間が関係しています。こうした人たちは、何を目的に、食糧を生産し、流通させているのでしょう。食べる人たちのことを、どれだけ忖度しているでしょうか。口に入れることができる食品の安全度はどの程度でしょうか。

ある国の野菜生産者が、自ら造った野菜を食べないという報道を見たことがあります。問題は農薬です。実際に使用してみると、効力の強さにびっくりします。日中は土のなかに隠れて、夜になると出て来て葉をたべる虫、土の上から軽く噴霧するだけで、全部、土から這い出て瞬く間に死にます。虫が死ぬと言うことは、虫の細胞が死ぬことです。細胞のレベルで見れば虫も人間もあまり変わりはありません。

食文明や食文化とは、どの様なものか。人間は、毎日、何かを食べています。食について、考えることは非常に沢山あります。少々のことで、究明など、とても出来ません。毎日何かを食べている人間の目線で食を考えてみます。

「雑食」ということ。人間や他の動物たちが食べる物は、全て、動物か植物です。地球上には、沢山の種類の動植物が生息しています。それらが、弱肉強食の掟の下で食べたり食べられたりしています。

特定のものしか食べない動物が居ます。大概、他の動物が食べないものを食べています。これは、食べ物の奪い合いが有りません。天敵が居なければ逃げる必要もありません。その結果、コアラの様に動きの緩慢な生き物が、出来上がるのです。

人間はどうでしょうか。コアラの対極のように、雑食性です。手当たり次第とは言えませんが、大方の動植物を食べ物にします。特に、人類は、雑食性に加えて、調理の技術を習得したので、食材調達の範囲は、非常に広がっています。ある国など、「四足なら、机以外は、皆食べてしまう」などと言われるほどです。

雑食性は、地球上の到る処で、食べ物を手に入れることが容易になります。草一本生えていない氷原でも、海獣を食糧にして生活する人間たちも居ます。

人間は、雑食性動物の頂点に立っています。それを支えているものは、調理技術です。灰汁抜き、毒抜き、何でもやります。人間の開発した調理技術は、雑多な食材と共に進化したものです。調理に就いての、諸々の知識を習得するまでには、多くの人たちが中毒などの犠牲になった結果です。雑多な食材には、沢山の栄養素が含まれています。その中から、必要な食材、不要な食材を選別するために、嗅覚と味覚があります。この二つの感覚は、雑食性のためには、欠くことの出来ない能力です。

人間は、生まれながらにして、この感覚を持っていますが、幼児は、物を食べ始めることによって、味覚が急速に発達します。「味音痴」などと言いますが、幼児期に食べるものによって、味覚機能の発達に差が出るようです。いわゆる好き嫌いもその一つです。

食材と味覚と調理技術この三つが、人間の肉体や頭脳を進化させ、居住域を地球全体に広げ、文明や文化を発展させた原動力です。

食べ物が、料理として、皿に盛られ、食卓に並べられるまでには、沢山の過程があります。

先ず、食材です。食材は、全て、自然が作り出した動植物です。農耕や畜産と言って、食糧生産はしていますが、それは、育成であって、原点は自然です。動・植物の源は、太陽です。太陽の光エネルギーや熱エネルギーが無ければ何も出来ません。地球は球体です。太陽に対して、傾いた姿勢で自転しながら公転しています。地球上に棲息する動・植物の生活環境は絶えず変化しています。自然界だけに依存していると、地球上の地域によって入手できる食糧の内容は大きく変化します。海洋には多種多様な魚介類が棲息しています。陸上では、農耕と畜産が進んでいます。陸地には、四季があり、全体的に温暖で水の豊富な自然があり、農産物は多種多様なものが豊富に生産されます。

中緯度に位置し、海洋に囲まれた国の日本は、海陸共に、豊富な食材に恵まれた食の豊かな国です。他国の人たちが、日本の恵まれた状態を知ったら、是非、この土地に住み暮したいと思うでしょう。現状をみると、近い将来、日本民族が片隅に追いやられる心配があります。

食べ物は、原材料の入手から始まります。現在の日本では、食糧は余る程あります。遠い昔、原始の時代に、人間は、自然界に在る植物や動物を採って食べていました。春と夏は、青く繁った草や木の芽、川や海の魚介類、花の蜜も舐めたかも知れません。秋は、草の種や木の実、栗や胡桃などは、上等な食べ物であったでしょう。それでも、自然界にあるものだけでは、量的には、それ程多くはありません。常に、飢餓の不安に苛《さいな》まれていたと思われます。農耕牧畜時代になって、食糧の入手は、容易になりました。文明の始まりです。以来、何千年かの時間を過ぎた今日でも、食糧調達の基本は変わっていません。農産物、畜産物、海産物の三種類です。食糧は工場でつくることはできません。ただ、加工するだけです。生産する食材や、生産手段の合理化は、大きく進歩しました。食文明の進化です。

改めて、食べ物が、皿に盛られた料理になるまでをざっと、見てみます。食材です。食材には、農産物、畜産物、水産物があります。

日本では、農産物の中心は、米です。米は、稲という草の種子です。日本人は、長い間、米を主食にして来ました。成人男子が食べる米の量は、多くて、年間、一五〇キロです。老若男女を平均すると、一〇〇キロ程度でしょうか。現在の日本の米の生産力は、一〇〇〇万トン以上あります。米は、水田で栽培します。水田は、山に降った雨が地表や地下を伝って流れてきます。流れ下る間に、沢山の、栄養分を溶かし込みます。山裾から湧き出す水は澄み切っていますが、実は、沢山の有機・無機の物質が溶け込んでいるのです。山には、草木が繁り、微生物や昆虫、小動物など沢山の生き物が居ます。これらの排泄物や死骸、落ち葉などが分解されて水に溶けたものです。この水が稲を育てます。その為に、稲作は、連作が出来ます。一方、土から栄養を吸収する畑作は、ほとんど連作が出来ません。土の力が回復するのに二〜三年掛かるからです。

畑で作る農産物は、穀物と野菜です。今日では、沢山の種類が生産されています。特に、明治以降、鎖国が解けて、外国から、色々な野菜が輸入されました。それを食べることができる今の日本人は、本当に幸せです。健康で長寿は、この豊富な種類の食べ物の恩恵です。

農耕が始まる前の、原始時代には、食糧不足は、深刻な問題だったでしょう。昭和の前期の二〇年間は、同じ様に、深刻な食料危機が続いていました。原因は、戦争です。戦争は、文明社会で起こったことです。何時又、何かの原因で食糧危機が発生しないとも限りません。世界の人口が間もなく、一〇〇億人に達するといわれています。食料危機は目に見えています。

理想的には、自分や家族が食べる食材は、自分でつくることがベストです。それは、食材の正体がわかるということです。自給自足です。自家の食糧は、自家で生産し、必要な現金は、サラリーマンをして稼ぐ。「兼業農家」これを、家族が、共同で成り立たせる。家族を中心にした健全な家庭の姿です。

農業は、害虫との戦いです。虫が食った野菜を店頭に並べても客は買いません。本当は、安全を虫が証明しているのですが。虫の食っていない野菜は、虫には食えない野菜なのです。店頭に並んだ野菜のほとんどは、虫が食えない野菜です。

農薬の使用については、国が基準を定めていますが、何処まで、厳格に守られているか分かりません。これは、国の制度の問題ではなく、生産者や流通業者の良心の問題です。金儲け優先の現代、人間の良心が危うくなっています。まして、外国からの輸入品は何処まで信用できるか分かりません。農薬だけではありません。長距離輸送のために、防腐剤も必要になります。店頭に並べる段階では、見映えを良くする為の発色材などがつかわれます。

無農薬で、有機栽培をして、朝、採れた野菜を食べることができる食生活は、理想的なものです。自給自足なら、簡単に出来ます。

家畜は、生き物です。ほとんど人間と同じです。人間と違う点は、意識を持たないことです。これらを飼育する生産者は、商品価値を高めるために、色々な手段を考えます。飼育段階のホルモンなどの薬品や、病気予防の為の抗生物質など、商品化する時の、着色料や添加物なども多く使用されます。食べる人にとって、常に無害であるという保証はありません。信用度の高い食材を手に入れる為に大変気をつかいます。無添加の自然食品は、自分の手で作る以外に入手する方法はないようです。

海洋が育成する自然界の食材の量は、陸地の何倍あるか知りませんが、到底、比較にならない程豊富です。ただ、手に入れるためには、海洋に乗り出すことなど、沢山の努力や技術が必要です。総合的にみて、海産物に対する依存度を高めることは、食糧問題解決への近道です。

食糧問題解決の鍵は、一次産業と三次・四次産業を同じ経済の土俵で競争させてはいけません。次元が違うので勝負になりません。食糧生産という産業は、別枠で考えないと将来困ることになります。

食材についての基本は、種類と量と品質が満たされなければなりません。あとは、安い価格で、容易に入手できることが、条件です。この条件に合うのは、地元で採れるものです。

日本の料理を「和食」といいます。和食は、日本の郷土料理です。郷土料理は、郷土にある食材と長い年月の間に先人たちが、気候風土に合った調理方法を考案して造り上げたものです。

和食の特質は、何と言っても、新鮮な食材を、なるべくそのまま食べるようにしたことです。味付けは、食塩と味噌醤油に酢と出汁です。食材の中心は野菜と魚介類です。

この和食が危うくなってきました。目先の奇抜さが狙いなのか「新作料理」なるものが、和食の看板の下で売られています。伝統というものは元来、奇抜さや新鮮さを追いかけるものではありません。「頑なに、伝統を守る」という言葉のとおり、新奇を追うものではありません。日本全国に伝わる郷土料理と言われる日本料理を大切にしなければなりません。

今日、マグロや牛肉など、色々な食材が、ジェット機に乗って、世界を飛び回っています。それは、食べるためではありません。金を儲けるためです。食べ物ですから誰かが食べます。食べる人は、金を払います。

食べ物には金がかかわらないことが理想です。金がなければ食べられない、食べられなければ生きられない、人間の生命は、金などに左右されるようでは困ります。基本は、食糧は無料でなければなりません。

食べ物は、他の物事と、同列に考えるものではなく、「いのち」と同じで、絶対的なものです。

食材は、そのまま食べることができるものもありますが、大部分が不向きです。その為に調理が進歩しました。調理という行動は人生の主要な部分です。調理を嫌う人間が沢山います。調理の楽しさが分からないと、それだけ人生の幅が狭いことを悟るべきです。

調理の第一歩は、水洗いです。食中毒の大部分を防止します。次は裁断です。包丁は石器時代から使われていたようです。人間は、顔が平たいので、大きな食材に噛み付くことができません。

もう一つ、調理の基本は、火です。原始の時代、人間たちが、山火事の後、山野を歩き回ると、焼け焦げた動物、植物が落ちています。食べてみると、いける。土器を発明するまでは、鍋がないので煮ることは出来なかったでしょう。焼くだけかも知れません。加熱は調理の最良の手段です。食材を、食べ易く、消化し易くします。

食材から来る食中毒の主たる原因は、食材自体が、腐敗して毒素を発生させる場合と、食材の表面に付着した病原菌が増殖して食中毒を発生させる場合があります。後者は、食材が如何に新鮮でも中毒は起こります。食材には病原菌以外にも農薬など色々な有害物質が付着しています。これらの大部分は、水洗いや湯煎で除去することが出来ます。食べ物を調理する過程で、最も重要な作業です。衛生管理です。外食産業では、食材を洗わないで料理する現場をしばしば目にします。それは、人間の道徳心の問題です。確実なのは、自分で調理することです。そして、わが子に、教えることです。調理は、人生であることを。

人間の味覚は、食べ物が持つ、甘さ、塩辛さ、酸っぱさ、旨味、香りなどを感知する能力が発達しました。最初は、食べ物を選別するための機能であったと思われます。身体の為に有益な食べ物の香りや味は好ましいと感じ、有害なものには、嫌悪感を覚える。生存本能がそれをさせるのです。

食べ物を、味覚や、視覚で捕らえ、盛り付ける器や、食卓、部屋の雰囲気造りなど、心の満足を求めたものが、食文化というものでしょう。満腹とは別に、心の満足です。品格を求める食事は、衣服も正装で食卓につきます。街中で物を食べながら歩く若い男女の姿には品格などかけらもありません。

ここで、大切なことは、食文化と外食産業との違いを明確に認識することです。外食産業は、人間の食の営みを商品化したものです。食には、つくることと、食べることがあります。外食産業は、調理という行為を商品にしたものです。多くの人々は、自分たちの食べ物をつくることは、人生の大切な営みであることを忘れてしまい、料理をつくる知識も技術も習うことをしなくなりました。これでは人生は侘しくなる一方です。その穴埋めなのでしょうか、旅行や大衆娯楽を求めて殺到します。全てが悪いという訳ではありません。周囲の成り行きに身を任せるだけでは自分の人生が無くなってしまうと言っているのです。

食文化は、生きる為の食生活の中に、心の豊かさを盛り込んだものです。つくることから食べることまで、一貫したものが食の文化です。

食に限らず、文化とは、心の満足を求めて、人間が、自分の手で造り出すものだからです。食糧が豊富に生産される目的は、利益の追求です。資本主義の主目的です。食糧生産の本来の目的は、人間が食べるためのものです。この違いがいろいろな問題の原点です。

食糧確保に就いての安全性はどうでしょうか。報道によると、日本の食糧の自給率は、五〇%

という。食糧の半分は、外国からの輸入に依存しています。何らかの事情で輸入することが出来なくなったらどうなりますか。

想像したことがありますか。国内生産だけでは、必要量の半分しかありません。これは、国民の全部が、同じ様に、五〇％の食糧が手に入るということではありません。簡単に言えば、半数の国民は、ほぼ、一〇〇％の食糧を手に入れ、残りの半数は、全く食糧を手に入れることが出来ないことになります。それは、水の溜まる池と似ています。水が一杯ある時は、池の縁まで潤っています。水が少なくなると、水のある所は潤っていますが、縁は干乾びてしまいます。水は、地球の引力によって、低い所に引き寄せられるからです。食糧も少なくなれば、引力の強い処に引き寄せられます。世の中が騒然となること間違いなしです。食糧を生産することと買うことは天地の違いがあることを認識しなければなりません。買うということは、売る者がなければ手に入れることはできないのです。これが日本の食糧事情の実態なのです。

国家や社会には、損益勘定とは関係なく、多額の費用が投入される物事が沢山あります。政治や行政のための費用、国防費、学校教育費などです。食糧供給の安全を確保することは、これらに比較しても、最優先でなければならないはずです。

食糧を消費する人間にとっては、安く手に入ることが良いに決まっています。食糧生産を農民や漁民に任せて知らん顔をしていると、いざという時、食糧が手に入らなくなります。金だけで物事を処理する社会では、農業も漁業も成り手が居ません。農山漁村が無人になり、農地が荒れたままに放置されるのは、当然です。早急に対策を講じないと手遅れになります。

何故こんなことになっているのでしょう。理由は「金」だけが価値を持つ社会だからです。国内産より、外国産のほうが安いということです。それだけではありません。日本の工業製品を買って貰う見返りに、相手国の農産物を買うのです。これらはもっともな理由で、どこにも非難されるところはありません。

食料供給の安全の為にやらなければならない事は、食糧備蓄ではなく、一〇〇％の「国内生産力の維持」なのです。毎年、一〇〇％の生産力を維持すれば、それだけの食糧が生産されます。それと同時に、外国からの義理買いが、どんと、入って来ます。米に換算すると五〇〇万トンです。金額に換算して、一・五~二兆円程度でしょうか。余る米の利用法は別に考えればよいのです。目的は、生産力さえ維持していれば少しの心配もありません。

日本という国は、地球上の位置から見て、食糧生産には、非常に恵まれた環境にあります。現在の人口なら容易に養うことが出来ます。それなのに、食糧生産に従事する者が居ません。農林水産業という、国民が生きるための基本の産業です。需要は無くなることがありません。こんな安定した仕事をする人間がいません。理由は、お金が儲からないからです。金中心の社会に生きて居るのに、金が儲からないということでは、話しになりません。どうしたら多くの人が、この産業に従事してくれるようになるか、社会全体で真剣に考え、対策を立てないと、困る時が必ずやって来ます。

農村や漁村に付いていては、考え方を変えなければなりません。農漁村は、食糧を生産するだけでなく、人間も生産します。前述もしましたが、本当の人間は、自然の中でなければ育てることができません。人間は自然の一部だからです。心の広い、骨太で、安定感のある良質な人間が沢山育ちます。こうした人間でなければ質の良い社会はできません。

都市は、金儲けと、享楽の社会です。こんな環境から、良質の人間が育つことを期待するのは無理です。利に聡《さと》い、ひ弱な人間しか育ちません。

農漁村が消えることは、やがて国が消えることの前触れです。農漁村に都市社会の尺度を当てること自体間違いなのです。

一次産業といわれる、農林漁業は、国民の命を維持するための重要な産業です。それを金儲けという尺度で計ることが間違いなのです。尺度を変えて、人間を中心にして計れば正しい答えがでてきます。

経済活動とは、元来、あらゆる生活物資の供給を豊かにすることが目的です。それが、何時しか、金儲け一筋に変わってしまいました。金儲けにならない経済活動は、捨てられてしまいました。そのために日本民族の存続が危くなったのです。

価値のあるものを生産しないで、金だけを儲ける仕事を「虚業」と言います。虚業が実業を追い越してしまいました。贅沢と無駄と虚像で包み込んだ製品を大量に生産して、国の内外に出荷しています。目的は金儲けです。人々の生活を豊かにするということは、遠い昔に通り過ぎています。ことの是非を論じているのではありません。正体を見ることを進めているのです。

農業や漁業が、金が儲かる時代は、食糧が不足して、国民が生きるのが大変な時代です。戦中戦後の二十年間、農林漁業は、儲かりました。その代わり、国民は空腹を抱えて、不幸のどん底に居ました。人間は、家族全員が、健康で、平和に暮すことが出来れば、それが、最高の幸せです。衣食住が満たされればそれで充分なのです。

しかし、物質文明を、金儲けの道具にした欲望の資本主義は、無駄や贅沢を上乗せした物や事を作り出して、それを売るために、奇想天外なことを考え出して、人間の好奇心を煽り立てます。価値観を根底から、変えてしまいます。特に、若い世代は、好奇心が旺盛です。好奇心を満たすためには、金が必要です。金を手に入れることが人生の目的になってしまいます。金の儲からない一次産業で働く人が居なくなるのは、自然の成り行きです。これを調整するのが人間の知性です。知性が影を潜めてしまいました。

走る温泉旅館、空飛ぶ自動車、水に潜る自動車、宇宙エレベーターなど、さすがの人間も、付いていくのがたいへんです。

目が頭の上の方に付いた人間ばかりになってしまったのです。足下が見えないのです。見えないから迫り来る危険が分からないのです。例えば、大都市の生活は、常に、命の危険と隣り合わせです。便利なインフラは、電気が止まれば、人間の命を守ることができません。三分ごとの間隔で走る地下鉄は、穴の中で止まったまま。電気が来なければ、何時までも待たされます。エレベーターは、人を閉じ込めたままで、人は何時来るか分からない救助を待ちます。地下鉄もエレベーターも高層ビルも自力で脱出する対策を何故作らないのか。

昭和十年代から二十年代の終わりまで、日本は、大変な食糧不足でした。国は「食糧管理制度」という法律を作り、食糧の自由な流通を禁止し、国民に公平に行き渡るように、配給したのです。この制度が無かったら、多分、国民の一〇～二〇％は、餓死したでしょう。生産者である農家は、保有米といって、限られた量の、米や麦を手許に残すことが出来ました。あとは、「供出」と言って、全部、国に差し出し、決められた価格で、買い上げられました。都市に住む人たちに食べさせるためです。それでも飢餓状態です。

都会に住む人たちは、食糧管理制度の枠外にあった、芋や野菜を求めて、山深い農村まで、買出しに出かけました。非力な女性が、わが子に食べさせるために、三〇キロ、四〇キロのさつま芋を背負って、夕暮れの田舎道を歩いている姿をよく見かけました。米の旨い不味《まず》いなどという話は、考えることも無かった時代です。この女性の家では、蒸した芋を囲んで、楽しい会話を交わしたことでしょう。

ご馳走とは、どんな食べ物か考えたことがありますか。上等な食材を、腕の良い調理師が料理したものです。当然、美味しく食べられるように、調理してあります。しかし、満腹の時には、食べたくありません。そうです、ご馳走とは、空腹の時に食べる食べ物なのです。

料理の材料は、自然界にある動物や植物です。これらの食べ物は、最初から人間に食べられるように出来ている訳ではありません。人間が自分の都合で食べるのです。そのために、食べ易く調理するのです。調理した食べ物は料理です。人間には、食欲と並んで、味覚というものがあります。味覚を満足させることは、食べ物の大切な条件です。「美味しい」ということです。

食とは、食欲と味覚を満足させるための日常生活です。人間は、食べ物を食べているときは、必ず、心がなごみます。家族や友人たちと食事を共にすることは、人間の心の交流を円滑にします。

人生の営みである食は、はじめから終わりまで手造りする技術と勤勉さが必要です。

人間は、幼児期からこの食の全てを学習し、日常の生活行動の一部として身につけなければならないのです。食に付いての、生きた知識や技術は、今日の学校教科より大切なものと認識しなければなりません。一年三百六十五日、日に三度食べる食事です。一〇〜二〇のレシピ位は、小学生の内に習得するのが当然です。家庭で親が子供を育てる場所は台所です。台所で育てられた子供は、必ず上等な人間に育ちます。


もう一つ、食に付いて大切なことは、食材の調達です。食料品店に出かけて買い物です。沢山並んだ食料品を一つひとつについて、正確な知識を与えるのです。生産から流通、そして料理の仕方、栄養価など、学ぶことは沢山あります。幼児と共に、店へ出かけ、一緒に食材を買う、家に帰って、一緒に、食事の支度をする、これが本当の幼児教育です。小学生でも上級生になれば、家族のための夕食の支度くらいは、できるのが当たり前です。

食欲は強烈な欲望です。食欲は生命そのものだからです。この欲望を餌にして人間たちをおびき寄せれば、何処までも付いて来ます。金儲けの手段としては、絶好の方法です。必ず成功するでしょう。

世の中を、ざっと見渡しただけでも、人間の食欲を利用して、沢山の商売が展開されています。日常生活を漫然と過ごしていると、思わず、この流れや渦に巻き込まれてしまいます。そして食べさせられるものは、高級料理と言う幻想です。

例えば、マグロのトロ、大半は、脂です。脂は脂肪です。甘味があります。甘味は旨さです。脂の乗った魚や、「霜降り」といわれる脂が一杯詰まった牛肉は、食の幻想です。肉という蛋白質を食べている心算でも、実は、脂肪という太陽の光エネルギーを食べているのです。

現代は、外食や、持ち帰りの調理済み食品を販売する産業が全盛の時代です。この食品産業というものが、人間にとって、様々な影響を与えています。

外食産業は、豪華な店を造り、食事を楽しむ雰囲気を演出し、様々な料理を造って、客を集め、料理を販売します。コストは、食材費が四分の一程度です。昔は、質の良い料理を提供すためには、「五割材料」と言っていましたが、今日では、この程度です。栄養価より、味覚優先です。実態は、食べ物を売るのではなく、炊事という家事労働を売っているのです。その値段が、料理全体の四分の三を占めています。無駄や贅沢も付加価値として売っているのです。外食依存度が多くなればそれだけ金に依存した生活になります。頑張って金を稼がなければなりません。今の社会では、弁当を持参する人はどの位居るのでしょうか。弁当について考えてみます。

先ず、弁当をつくること。

物を食べるということは、人生の主要な部分です。この楽しみが家庭にあるのです。人生の、生き甲斐の、様々な場面が食事を中心に展開されます。家族や友人が集って食事をすることは、人間の最大の楽しみであり喜びです。食材を集めること、料理すること、食卓を整えること、食べながらの会話の楽しさ、家族や友人との心の絆が強まります。こうした生活の場が、本来の家庭です。

長い歴史の中で、一国の命運を左右する外交交渉の場で、食による「もてなし」によって、成功を収めた事例は沢山あります。食が如何に人々の心を和ませるものかということです。

財布一つを持って、家族や友人と連れ立って出かけていって、出て来たものを食べて、時間が過ぎると、金を払って、帰って来る。家は、ただ、寝るだけ。余りにも事務的で、心に潤いも何もありません。しかし、多くの人たちは、少しの疑問も持たないようです。特に女性は、食事の前後の準備や後片付けの煩わしさがないので大歓迎とか。

外食が益々、盛んになる傾向は、現代人は、生まれた時から、社会がこうなっていたのでこれが当然なものとして受け入れているのでしょう。家族揃っての外食は幼い子供の心に楽しい思い出として残るものです。人間の心を動かす価値観は、周囲の状況によって、つくられます。料理は、つくるものではなく、買うものだというのが常識になっているのです。常識まで、疑問視する人間は居ませんから、そのまま人間社会に定着してしまいます。これが時代というものですか。

郷土料理と言われるものがあります。その土地で採れた食材を使って、気候風土に合った調理方法で造った食べ物です。人間は長い年月にわたって、郷土料理を食べて、生きてきました。

遠く離れた国の郷土料理など全く縁は無かったのです。他国の料理が食べたいと思うのは、半分は好奇心です。旅行などで外出する。疲れて帰って来た時、思わず、口を突いて出る言葉は「やっぱり家が、一番良いや」です。住み慣れた家で、日常食べている料理を造って食べることが、一番口に合って、心が安らぐのです。

食べ物は、空気や水と同様に、無料が、理想です。自分の手でつくって食べるのです。居住している土地の風土に合わせて食材を用意し、調理して食べる。これが、人間が生きるということです。如何に文明が進化して分業化時代となっても、人間の本質は、なにも変わってはいません。食材生産は分業化しても、食べたいものを自分で調理するということまで放棄してしまうのは、人生を捨てるということになります。

ある中年の女性、一家の主婦が、「一八年間、ずっと、食事の支度に明け暮れてきました。私の人生は、一体何だったのでしょう」と言っている姿を、TVが放映していました。気の毒に、この女性は、人生というものの本質が分かっていないのです。人生というものを知らずに、漫然と生きて来たのでしょうか。

台所を改造して綺麗にしたので、油を使う料理は止めましたと言う。こんな主婦が多くなりました。若い女性たちが、物を食べながら、街を歩いている。「美味しい」と叫んでいる姿をみると、この娘たち、間もなく結婚して、家庭を造るだろうけれども、ちゃんとした食事の支度ができるだろうか。魚の捌き方くらいは、中学生になれば、当たり前のように出来なければならないでしょう。学校の学習が大切なのは分かりますが、調理を習うことまで止めてはいけません。人間として未熟になります。

和食と言われる食べ物は、日本の郷土料理の総称です。新鮮な食材の味を最大限活かし、気候風土が醸しだす味噌、醤油、酒、出汁を使った味付け、日本人が毎日食べているものです。日本人なら、誰でも、和食を料理することが出来なければならないでしょう。古い言葉に「男子、厨房に、立つべからず」とあります。この言葉の裏を見て下さい。男といえども、調理の現場を見たくなる程、食べ物には、関心があると言うことです。造る側から言えば、「心配しなくても、ちゃんと、美味しい物を造りますから、心配しないで、待っていなさい」と言っているのです。

今は、男女平等の時代です。進んで厨房に入り、並んで、料理をつくり、人生の喜びを味わってください。特に、老後はこれが生活で生きる楽しみになります。人間が生涯忘れることが無いと言われる「おふくろの味」が、コンビニで売っている弁当や、回転すしでは、余りにも機械的です。

人間が人間である限り、食は、文明や文化の中心に存在するものです。それが今、大きく軌道から外されて、金儲けの手段に使われ、人間を無能力化の方向に引き摺っています。日本の食の安全や食文化も先行きがしんぱいです。

五　衣服

人間は、ケモノではありません。体を保護するに足るほどの体毛は生えていません。原始の時代には、沢山生えていたようです。何故無くなったのでしょうか。その名残が、少し生えています。この程度では、身体の保護や、保温の役には立ちません。知能が発達するにつれて、人間は、何かを纏《まと》うことを考えました。毛皮でしょう。草や木の葉であったかも知れません。草や木の葉は、そのままでは、ばらばらで使いにくい、何とかまとめよう。やがて、草や繊維を使って織物を作るようになりました。筆者の想像です。

現代でも、科学による合成繊維が発明されるまでは、衣服の材料は、全て、天然のものでした。麻、木綿、羊毛、絹が代表的なものです。全てを人間の労働に頼る時代です。麻や綿花を栽培し、蚕や羊を飼育することは、食糧生産に次いで、産業の代表格です。

庶民の家庭では、農閑期などに、自前で布地を織ったものです。そんな時代です。仕上がった衣服を手に入れるためには、大変な出費を余儀なくされます。そのために、嫁に行く娘が、嫁ぎ先で、一生、着る物に困らないようにと、日常着る物や外出着、「義理物」と言って礼服一式まで、嫁入り支度として持たせたものです。嫁入り支度といえば、箪笥とそれに入った着物でした。女子教育の中で、着物を仕立てる技術を習得させることは、読み書きソロバン以上に大切なものでした。当時の日本の女性に対する教育内容の柱は、裁縫です。

天然繊維の生産は、農・畜産業です。化学繊維は工業です。科学技術が進化し、様々な化学繊維が造られるようになりました。石油を原料とした合成繊維です。良質で安価な繊維が大量に生産されるようになりました。合成繊維は耐久力が抜群で、天然繊維の弱点を見事にカバーしています。その結果、なかなか消耗しません。消費者が消耗しなければ、新しい商品は、売れません。そこで、使えるものを捨てさせる作戦として、色や柄やデザインに流行を取り入れたのです。「ファッション」です。流行とは、時間と共に流れて行くことです、流行は自然ではありません。人間の作為です。流行を一気に広めるために、盛大なショウを、毎年催していまず。見ていると、実用性など微塵も感じられません。先端を行く希少価値を強調して、余念がないようです。流行は、若い人たちをターゲットにしています。若い人たちは、金は無くても恋の季節の真っただ中に居るので、購買力は旺盛です。

充分に使える物を捨てさせてまで、売り込むようなことは止めて、需要に応じた生産体制に戻すことが本当の姿ではないかと考えても、それでは、金儲けになりません。衣服を生産する産業も進歩が停滞してしまいます。確かにその通りです。それが良いか、悪いか、それは、程度の問題でしょう。自由競争の資本主義を基準にするか、ほとんど進化しない人間に重点をおいて考えるかの問題です。

日本も、第二次世界大戦後の復興の最初の産業は、食糧と繊維でした。「ガチャマン」と言われた時代です。機織機が一度ガチャンと音を出すと、一万円儲かるというのです。日本全国、食糧だけでなく、衣類も欠乏していたのです。

衣服の生産は、生地を造るのは、極限まで機械化が進みました。縫製はまだ、人手に頼る割合が多く残されています。そこで繊維産業は、未開発国でもなく、文明先進国でもない、割安な人手を求めて、発展途上国に集中しました。安い労働力は、開発の遅れた国にもありますが、文明未開の国では、産業を根付かせるほどの住民の基礎教育やインフラの整備が出来ていません。その為に、途上国が最適なのです。

衣服は、人体の保護だけでなく、色彩やデザインによって、自然に、または、恣意的に、着用する人物の、職業や社会的地位や知的レベルや品格などを表現します。「衣の乱れは、心の乱れ」と言います。衣服は、着る人の品格を表現します。

電車などに乗って、薄目を開けて、乗客の着ている衣服と風貌を比較し、その人柄を想像などしていると、時間の経つのを忘れるほど興味をそそられます。

近年、衣服は、余って、捨てるほど豊かになりました。その反動か、若い女性が、擦り切れて膝が露出したジーパンで堂々と、街に繰り出している。人間の心とは、何と不思議なものでしょうか。物が不足していた時代には、僅かな傷や汚れでも、人前に出るのに憚りを感じたのに、物が余って来ると、反対に、欠乏時代でも無かったような粗末な衣服を着て、街を闊歩している。破れていなくても、よれよれのシャツの裾をはみ出させて、歩いている姿を頻繁に見かけます。豊かさの先に、行き着く姿なのでしょうか。その人の心の中が透けてみえるようです。

凛《りん》とした緊張感など、片鱗もない姿で街中に出てくる人たちの姿に、この社会の将来が見えるようです。

だらしなく着るのがファッションだと思っているのでしょうか。それは、多くの人間たちの心が、だらしなさを求めているのでしょう。寝そべって駄菓子を食べながらＴＶを見る。人が見ていなければどうでもよい。我とわが心に対する緊張感が無いのです。少なくとも、心が確《しっか》りしている人は、閉まりのない服装で人前に出るようなことは、しないでしょうから。豊かさが人間の心を、締まりのないものにしているようです。その役割を果たしているのが、アパレル業界なのでしょうか。何処も同じ、正常な領域には、商品が売れるような目新しさはなくなってしまったのでしょう。目先の「奇抜さ」で、新しい需要をかきたてようとしているようです。いろいろな業界が限界にきたようです。文明の終焉《しゅうえん》かもしれません。

この現象は、飲食の風俗と連携しているようです。ビンや缶を手に立ち飲み、立ち食いする光景をみると、日本人の品格も、本当に、地に落ちたものと実感します。時代ですか。魚の水と同じです。水が濁ってもそこで生きる以外に致し方がないのです。若い人たちにとっては、生まれた時からこの時代が身の回りにあったのです。

街を行く、人たちの服装を見ると、この街が、そして今の時代がどんなものか、よく映し出されているということです。衣服を造り、供給することは、文明の力です。どの様なものを造り、それを人間生活に、どの様に活かすかは、人間の心であり、叡智です。現代は、物質文明が文化を押し潰しているようです。

六　家はただ住み暮すだけのものではない

家について、色々な面から光を当てて見てみましょう。

人間が住む建物が家です。多くは、土地の上に、木造で、平屋か二階建てで造ります。建築材料は、地元で手に入るものを使います。

日本は、木材が一番手軽に手には入ります。木造家屋を造るには、平家建築が一番です。敷地の広さに制約がある場合、二階建てにすることもあります。二階建ては、不便です。

地震や強風に対する強度は、平家は、各別に優れています。大地震で、倒壊した木造家屋を見ると、二階の重みで、一階部分が押し潰されています。二階に居た人は大概助かっています。瓦屋根の二階建ては、絶対に造ってはいけない木造住宅です。理由は、材木は、経年劣化しますが、屋根の重みは何年経っても、軽くなることはありません。屋根の上に、大型トラックが載っているようなものです。外観に拘って瓦葺きの家を造るなら、平屋造りで、骨組みを強化することです。理屈ではありません。住むのは自分や大切な家族なのです。

基本は、地震や隣の火事で逃げ出さなくても良い家に住むことです。敷地の広さに余裕が無く、二階建てにする場合でも、耐震防火は、絶対条件です。隣家と軒を接するような、土地の無い都市や都市近郊で家を造るには、残念ですが木造は不適当です。

古来、高い建物に、五重塔があります。これは、建物の中央に、巨大な寄木の柱があり、更に外壁が支えになって、地震の揺れや強風に耐えられるようになっているので、特に、不思議というものではありません。人間が居住するための建築物ではないので、広い空間は要らないのです。したがって、「家」というものではありません。「塔」です。

伝統的には、家を造る材料は、木と竹と藁と土の四つの材料です。欅《けやき》という固くて大きい材料の入手が容易でしたので、構造は、柱に穴を開けて梁を通し、楔で止めるものです。僅かな遊びがあるので、地震や台風の揺れを吸収するもので、百年、二百年と何代にもわたって住み続けることが出来ました。

現代の家屋を見ると、温暖な地方産の細い柱や桁を軸に、合板を貼り付けた壁工法です。年数と共に劣化の進行が早くなります。一世代が住むのが精一杯といったところです。

木造住宅の長所は、木という素材が、石やコンクリートと比較して、住む人の心に温もりを感じさせることです。更に、木造住宅には、土壁という仕切りを使います。土壁は、外気に対して、温度調節、湿度調節をし、防音や耐火にも優れています。窓に使う障子は和紙です。和紙は、光を適度に遮り、和紙はガス交換によって、自然に換気をします。

現代では、土壁が、工場で造る断熱材に変わりました。湿度調節はできません。窓はガラスです。難点は、ただ一つガス交換ができないことです。

木造住宅は、幾つかの短所を補えば、人間が生活する為には、非常に優れた建築物です。短所とは、火災に弱いこと、虫害に弱いことです。地震対策は、問題ありません。構造を強くすることと、屋根を軽くすれば大丈夫です。

最近、造られる木造家屋を見ると、情けなさを感じます。これでも家ですか。と言いたい気がします。小鳥の巣と同じです。子供が出て行ったら、後は、余生を送り、それが過ぎれば、取り壊しです。一代限りの寝起きだけの場所です。建築現場を通り掛ると、聞こえてくるのは、べニヤ板に釘を打ち込むタッカーの甲高い音だけです。

人間が休息することは、全てが無防備になることです。居住用の建物の条件は、防災、防犯です。その上に、便利さと快適さが求められます。更に、家屋は、子供を育み、家族の歴史や文化を伝承する舞台になります。この歴史や文化を、世代を超えて、引き継ぐことが、「家」という建物の大切な役割です。豪邸などは、心の満足の内の、虚栄心というものを満たすだけのものです。

人間が結婚することを、「家庭を持つ」と言います。「女は、お産をして一人前、男は、譜請をして一人前」などとも言います。現在では、こんなことを言うと問題にする人が居るかもしれません。しかし、五十年前には、若者に対する教訓として一般に言われていたことです。家を持つことは、人間が成人して結婚し、そのあと早い時期になすべきことです。何故か、家は、人生を生きる舞台だからです。持ち家があれば、それが土台となって人生が充実してきます。親の家に同居する場合は、必要ありません。

次に、家の持つ役割は、子供を育てることです。子供が育つには、土が必要です。庭や畑、小さな池、野菜や草花を育て、池には、金魚や蛙や小魚など生き物なら何でもよい。餌台を置けば、色々な小鳥がやって来る。ウサギや鶏を飼って、生き物を知る。カキやミカン、イチジクやユズ、ウメの実も取れる。一五〇坪程度の広さがあれば、どうにかなるでしょう。この家や庭で親兄弟、祖父母などと暮せば、健康で情操豊かな子供が育つことは、間違いないでしょう。動植物と共に暮すことは、「いのち」というものを、肌で感じ取る事ができます。これは、人間にとって、本当に、必要なことです。いのちというものを実感しないで成長した人間が、多くなりました。優しさもなく、悪い犯罪の原因の一つと思われます。

建物の広さは、子供用が三部屋、子供の数は何人でも構いません。男子、女子に各一部屋、予備に一部屋です。夫婦の部屋、祖父母の部屋、ＬＤＫに風呂。トイレは三箇所。客間として、床の間付きの広い部屋があれば良い。通常「座敷」と言います。この部屋は、日本の伝統文化を伝へるためにも使います。床面積は五〇～六〇坪（一六五～一九八平米）位でしょうか。これが、日本列島という島国の風土に合った家です。

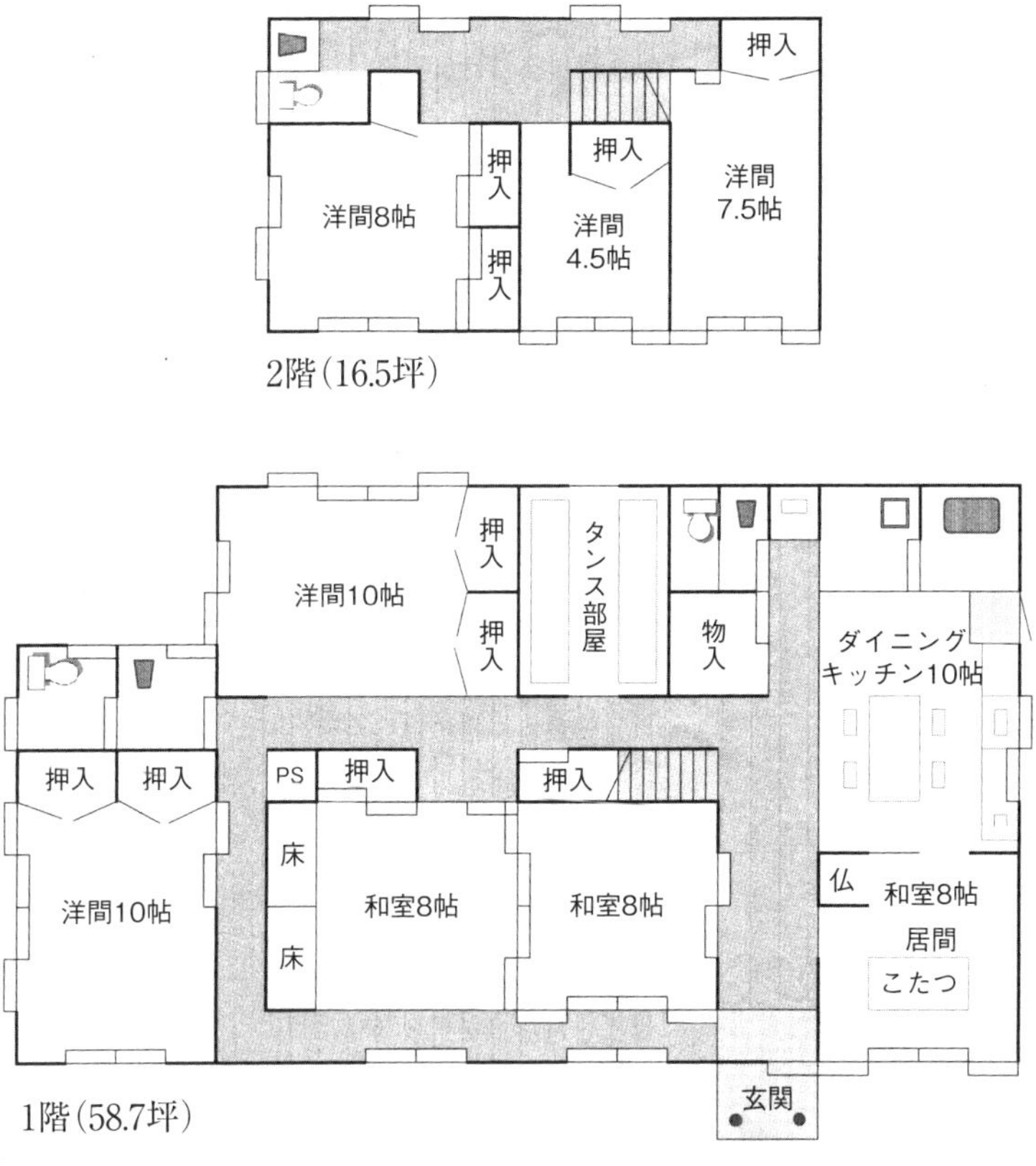

三世帯同居住宅　筆者設計（実例）　　は廊下

囲炉裏《いろり》というものがあります。焚き火というものは、不思議に人の心を引き付けます。キャンプファイヤーが良い例です。自然に、家族は囲炉裏の回りに集ります。以前のように、炊事の用はなくなりましたが、囲炉裏は欲しいものです。四角な囲炉裏の四辺には、夫々、名称があります。正面が「横座」一家の主の席です。その右手が、「客座」来客の為の席です。横座の左手が「嫁座」です。主婦の席です。残る一面、横座の向かいは「木尻」と言います。焚き火や煮物の世話をする者の席です。日本文化には、このように日常生活の中にも、折り目正さが根付いていました。

人間は、誰でも、民族が造り上げて伝承してきた文明や文化の恩恵を受けて生きています。それを次の世代に引き継ぐことは、絶対に怠ってはならないことなのです。それは、家族が生活を通じて伝承する以外に道はありません。この大役を担うのが家です。

家は、その為の舞台です。当然、安い金で、手に入れることは出来ません。何代にも亘って、築き上げ、住み継ぐのが家というものです。人間自体が、そうして生命を繋いでいるのです。ずっしりとした重量感のある家で育てられた子供は、それなりに、安定感のある人間に育ちます。親子二代～三代が、力を合わせれば、これ位の家を造るのは、それ程難しいものではありません。

人間の一生には、三つの大きな区分があると申しました。生育期、成人期、老後です。この三世代が、同じ屋根の下で、同じ釜の飯を食べて暮らすことが、人間の基本の姿なのです。理由は、人間の最小単位は、一人ひとりの個人ではありません。三世代が揃って生活することによって、人間の一生を、一度に見ることができる訳です。これは、子供にとって、貴重な学習です。三世代を繋いで見ると、それが人間の一生であることを、考えて見て下さい。人間に限らず、生き物は全て、生命を引き継がなければならないのです。一本の藁縄《わらなわ》と同じです。藁を継ぎ足して縒《よ》ることによって、初めて縄として繋がるのです。

何世代にも亘って住み続けるのが家というものです。人間は、親から子、そして孫へと命と共に、文化や文明等、沢山の遺産を受け継いで生きています。人間が造り上げて来たものは、言葉や文字だけでは、充分に伝えることは出来ません。日々、共に暮らすことによって、ようやく伝えることができるものも沢山あります。金や物品ではない「心」です。

街中にある沢山の空き家、造っては壊す小さな建売住宅、この様を見ていると、脈々と受け継がれてきた日本の心や文化が粉々に砕かれて捨てられているのを、ひしひしと感じます。

人口が密集する都市では、新たにこれだけの、土地を手に入れることは、余ほど、金が無いと出来ません。それなら、可能な地方へ行けばよいのです。銀座の土地一坪の値段で、数百坪〜数千坪の土地を買うことが出来ます。職場への通勤ですか。通勤が大変なら、通勤距離を縮める工夫をすれば良いでしょう。職場を変えるか、職場の近くに、仮住まいを設けるか。幾らでも方法はあります。職業と、家との軽重の判断が出来なければ駄目です。

鳥や獣は、巣や巣穴を造って子育てをします。子共が巣立つと、巣や巣穴は見捨てられます。都市や近郊にある沢山のアパートやマンションと言われる小住宅は、子鳥や獣の巣と同じです。一代限りの使い捨てです。これでは、文化も文明も伝承されません。金儲けや目先の享楽に、明け暮れするばかり、そこまでの知恵が回らないのです。

繰り返しますが、子供を育てるのは、田舎でなければ出来ません。人間は、基本的に、自然の一部なのです。自然環境の中で、確りとした人間を造ることがすべての始まりです。

都会は人工の街です。欲望と享楽の渦巻きです。この環境で育児をすれば、それに適応する能力に優れた人間が出来上がるでしょう。それを望むなら、都会で子育てをすれば良いのです。出来上がるのは、「加工人間」です。

現代は、核家族の時代です。核家族は全く駄目な制度です。日本には、古くから、家族制度があり、家長がいて、家族全員の人生が幸せになる様に配慮していました。この家族が、社会の最小単位です。人間の体の細胞と同じです。細胞が確り出来ているから、身体は健康です。日本と戦って苦戦したアメリカが、地球の果ての、ちっぽけな国が、どうしてこのように強力なのか。研究した結果、強い絆で結ばれた家族制度に気が付いたのです。占領政策の第一が、家族制度を壊すことでした。占領政策は成功しました。日本は見事に弱体化しました。一見、強く見えるのは、エコノミックアニマルの姿です。人間自体は、思いの外、弱体化しています。

日本が堅固な社会の国を目指すならば、是非とも、三世代家族を取り戻さなければなりません。それには、ただ一つ、解決しなければならない問題があります。「嫁姑問題」です。これは、今始まったことでは、ありません。遠い昔から、あったことです。しかし、問題を解決せずに、力で抑え込んでいたのです。人間の叡智を活かして、この問題の解決を図らなければなりません。そのためには、人間について、根本から学習することが必要です。人間というものが、丸で分かっていないからです。家族や家庭について真剣に考えなければならないでしょう。

現代人は、自由と我がままの区別が付いていません。平等でないものを平等と思い込んでしまっています。その上、エコノミックアニマルの成れの果ての様な状態になって金の奴隷さながらの状態です。人間より何より、金が第一という価値観が染み付いてしまっているのです。少々のことでは、目が醒めません。行くところまで行くしか救われる道は無いのかもしれません。自由、現代は、自由主義の時代です。自由とは、どういうことですか。人間が自由に生きる為にはそれなりの条件が必要です。

正しい自由とは、まず、社会的な自由、次は、他人の意思に左右されない思想的な自由、そして自立して家計を維持することができる経済的な自由の三つが揃ったとき、人間は本当に自由です。

我がままと自由はまったく違います。社会に迷惑を掛けないという責任と義務の上に、自由があります。人間は、考えて生きる動物です。人間として正しい考え、思想を確立しないと、他人に頭の中を占領され、知らず知らずのうちに、支配されてしまいます。現代は、様々な情報をつくったり、嘘やつくりごとを、まことしやかにばら撒いたりする技術が進化しました。自分の考えが確立していない人間は、簡単に、洗脳や感化をされ、奴隷にされてしまいます。一九四五年の敗戦までは、日本国民に、自由など全くありませんでした。敗戦によって、国家が無くなり、国民は、訳も分からずに、安易に、自由や平等にしがみ付いたのです。その結果、贋《にせ》の自由や間違った平等をつかんでしまったのです。我がままと、享楽です。

この二つの麻薬におかされた人たちは、最も大切な人間の基本を見失ってしまいました。人間として果たさなければならない大切なことを放置して、目先の遊びやその為の金を稼ぐことに没頭している。人が成人して、まず、しなければならないこと、それは、結婚です。人間は結婚しなければ一人前ではありません。ボルトとナットのように、カップルにならなければ人間としての人生を生きることができないからです。「どう生きようと、個人の自由」などと言う言葉は、本当に人間というものが分かっていたら、絶対に口にしないはずです。

平等。人間は平等であると言われています。それは、人間であるということについて、平等であるというだけで、人生は、不平等の連続です。生まれた時から、人間は不平等です。不平等が平等になることを誰が保証してくれますか。誰にも出来ません。このことは、「人間を差別してはいけない」といっているだけです。幻のような平等を求めることは止めて、自分なりの、人生を生きることに全力を集中することが賢明な生き方です。

古人曰く、「上を見れば限りが無い、下を見ても限りがない」と。自分自身を見詰めよ、と言っています。

人間一人では、不安定で弱いものです。安定した人生を望むなら、確りした家庭を持つことです。家族という集団になれば、その力は、驚くほど強くなります。親子、祖父母と三世代揃った家族は、精神的にも経済的にも安定したものです。この家族が共生の心で、人生を生きるための基地が「家」というものです。三世代が力を合わせて、本当の家を造らなければならないのです。

生き物の中で、家を持つものは、人間だけです。人間は、家を基地として、文化や文明を育ててきました。鳥や獣が造る巣とはまったくちがいます。これらは、単なる子育ての手段に過ぎません。人間でも、遊牧民は、家屋を持ちません。そのため、豊かな文化や文明は伝承されません。遊牧民は、食糧と一緒に、草原を移動して生活しています。

生活の不安は、少しもありません。文明も文化も少しだけあれば良いのです。

家が、単なる子育ての巣や、一代限りの塒《ねぐら》になってしまった日本人は、過去も未来も無く、刹那に生きるだけの民族に成り下がってしまったようです。一時も早く気付いて、元の軌道に戻さなければ人類は滅亡してしまいます。

七　金

人間や文明に付いて、何かを考える場合、外すことの出来ないものが「金」です。「地獄の沙汰も金次第」とは、この世で生きるには、「金が全てだ」と言っているのです。金とは一体何ものか。

金ということになると、人それぞれに、色々な思いや考えや感情が湧いてくるのではないでしょうか。

感情や思いを外して、金について考えることは、金の正体を正確に見極める最短コースではないかと思います。

金とは、決して、難しいものでは、ありません。人類が、金というものを使い始めた歴史は、非常に古いようです。金というものを使う目的は、申すまでもなく、物々交換の媒体です。直接、物と物を交換するのは、両者が同時に必要とする物でなければ成り立ちません。そこで登場したのが、物の価値を、何かに置き替えることです。これを社会全体が利用するために、通貨というものを造りました。通貨が使われるための条件は、信用です。社会全体で、この信用を支えることが通貨の条件です。信用度が薄れてくると、通貨の価値が下がって、インフレになります。

通貨の価値は、物の供給が増加すると、価値が上がり（デフレ）、供給が減少すると、通貨の価値が下がり（インフレ）ます。基本は物の供給を中心に考えるか、手に入れる金の量を重要視するかの違いです。

通貨は社会の中を渡りますので、その素材は耐久力のあるものに限ります。又、信用が生命ですから、偽造されても困ります。そこで造ったものが、金属を溶かし、型に入れて固めたものです。このために、通貨が金という言葉で呼ばれるようになったのではないでしょうか。

金には、決まった持ち主は、ありません。その時、持っている人が、持ち主です。一時預かりです。所有者の名前は、明記されません。預かっている人が、その金を使って、何かの品物やサービスと交換することが出来ます。

金は、社会の信用が無ければ、何の価値もありません。

「金がものを言う」嘘です。何も言いません。「金が無いのは、首の無いのと同じだ」そんなことはありません。首が無ければ、絶対に、生きていられません。金が無くても生きる方法は沢山あります。それならば、何故に、世の人々は、このようなことを言うのでしょう。それは、金に頼りきっているからです。

金との間に、少し距離を置いて、付き合い方や、金の正体を眺めてみると、金の存在感が小さくなってきます。

金には、三つの面があります。先ず、金を手に入れる方法です。次は、金を手放すこと、即ち使い方です。三つ目は、金を蓄積する方法です。入りと出と残りです。小学校低学年で習う算数です。A―B＝Cです。

算数の計算は簡単ですが、この数式に金を当て嵌めてみると、なかなか大変な数式に見えてきます。人生の大部分は、この数式に実数を入れて、成り立たせるために、日夜がんばっているのです。あなたは、それぞれの項にどの様な数字をいれたいですか。

この簡単で大変な算数計算について、見てみましょう。人間と金との関係は、この引き算が

A —— 金を手に入れること

B —— 金を手放すこと、使い方

C＝A－B —— 金の残り、金の蓄積

Aを手に入れる方法
・世の中が必要とするものを売ることで、利益を得る
・労働して稼ぐこと
Bは税金など公課、または自分の都合で物などを買うこと
AとBのバランスを崩さなければ金で苦労はしない

金の持つ3つの面

基本です。

企業会計では、金と物とを合算して計算します。「損益計算書」です。企業は全力を傾注してCを大きくすることに取り組みます。

家計は、金銭の出入りだけを計算します。「家計簿」です。差し引きして残高が黒字なら、健全財政ということです。

家計簿の収支は、結果です。変えようとしても過ぎたことはどうにもなりません。人間が生涯、金との付き合いが続くならば、事前に計画を造り、期間が過ぎたら、結果を見る。計画と結果の照合です。家計簿が無いと、家計は漂流になります。結果が出てからでは遅いというこ

とです。一番健全な金との付き合いかたは計画性です。

子供の教育の中に、「原価意識」を盛り込むことも大切です。原価意識とは、単に、金銭の勘定だけでなく、この社会から受ける恩恵には、先人たちが作ってきた文化や文明があります。自分で作り出した物などほとんどありません。先人たちや社会が与えてくれる様々な恩恵には、それを造りだす努力があったのです。それが原価です。この原価を知ることによって、子供の心は、沢山のものについて、本当の価値に目を開くことができるようになります。自分の金を出して手に入れたものだという考えは、真の価値を見失います。

金を手に入れる方法が、世の中の経済活動の主要な部分です。今日では、沢山考え方が編み出され日夜休み無く、展開されています。成功する人、失敗する人、悲喜交々です。詳しい内容に付いては、素人の私は、残念ながら、論ずる知識を持ち合わせていません。唯、裸一貫で社会に出て、六十余年、生計に必要な金を稼ぎながら生きてきたので、自分なりにかねを稼ぐ方法は心得ています。人間は、考えることと経験を積むことは、大きな力になります。

若い人に教えてあげます。金を儲けたいと願うなら、賢い年寄りに相談することです。いろいろな知恵をもっていますよ。

多くの人たちは、稼ぐことには、大変に熱心ですが、手放す方法即ち、金の使い方に付いては、ほとんど無関心です。言い方を変えれば、下手です。この冒頭で挙げた小学校低学年の算数を考えてください。入りと出の数字は同じ重さです。その数字が金になると、入りと出の数字の重さが違ってくるということです。入る金は重い、出る金は軽いということです。昔から、金に羽根が生えて飛んでいくと表現しています。これは金の使い方が下手ということです。

何故そういう人が沢山居るのかお分かりになりますか。理由は単純です。金を稼ぐ行動をしている時は、必死になって金を見詰めています。ところが、金を使う時になると、金の方を見ていません。金を使うその先に心を奪われています。

本当なら、金を使う時も、稼ぐ時と同じか、むしろ、それ以上に、金に心を注ぐことが大切です。無駄な使い方は絶対にしなくなります。

人間の欲望のうち、金に関するものは二つです。一つは、金を使いたいという欲望です。もう一つは、金持ちになりたいという欲望です。前者を「浪費家」と言います。後者を「守銭奴」

又は、「けち」と言います。両者ともに、賢い人間とは言えません。金如きものに、人生を振り回されているからです。

浪費家は、物を見ると、不要な物でも欲しくなるという性格の持主です。後者は、如何なる理由が有っても、金は手放したくないという性格です。どうしても手放さなくてはならない時でも、一日はおろか、一時間でも手放すのを遅らせたいと考えます。

金は使い方によって、生きたり死んだりします。金の使い方による生き死がわかるように成るとその人は立派な一人前の人間です。大半の人間は貴重な金を活かすことを知らないようです。良く聞く言葉に「死に金を使う」があるいます。それはこのことです。基本は、ものごとに対する価値判断です。

金を沢山持った人間は偉いか。世の中には、金持ちは偉いと思っている人が、意外に沢山居るものです。

偉い人とは、どういう人ですか。尊敬に値する人のことです。勝手に金持ちになって、尊敬してくれというのは、筋が違います。

昔、旦那様《だんなさま》といって、周囲から尊敬された人は、何か事があれば、金や物を周囲に無償で提供しました。周囲の人たちは、感謝の意を込めて、旦那様と呼びました。

金持ちになるためには、他人が持っている金を自分の所有にしなければなりません。しかし、他人も、大切な金ですから、簡単には、手放しません。他人が持っている金を、こちらの手に移し、入った金を手放さないことが、金持ちになる唯一つの方法です。

さて、金は万能と言います。江戸時代の読み本に、「よろずに効く、金用丸」という洒落た言葉があります。実際に使い方が正しければ、沢山のことに効果があります。

幼子の手に握らせる小銭、さり気なく渡すポチ袋、レンガ一個、ダンボール箱一杯の札束など様々ありますが、皆、目的は、人間の心に働きかける狙いです。同じ金を使うことでも、無邪気なものもあれば、反社会的行為となって、自他共に、人生を台無しにしてしまうものもあります。金というものの使い方の大切さです。特に、反社会的な使い方は、絶対にしてはいけません。「バレナイ」と思ってもほとんどは露見します。「悪事、千里を走る」といいます。又、「天知る、地知る、己知る」といいます。あるいは、「天網恢恢《てんもうかいかい》、疎にして漏らさず」ということもあります。必ずバレます。買収される金額などたいした額ではないでしょう。それで、努力して積み上げてきた人生が台無しになってしまう。数学ではありませんが、一番初歩の損得勘定です。この算数が分からない、「賢い」といわれる「愚か」な人間が沢山います。人生の危険を犯してまで手に入れたいものに何があります。何もありません。

選挙で当選することですか。何かの利権ですか。有名大学への入学ですか。仕事の受注ですか。こんなことの一つか二つに、人生を賭ける価値がありますか。正々堂々とやってその結果を素直に受け入れることが一番賢い生き方なのです。

世の中には、金を出して買うべきもの、金で買ってはいけないものがあります。この区別を、子供の時から、教えることが、親の役目なのです。その為に先ず、親が自ら学習しなければならないのです。これも、本書の冒頭に述べた「常識」というものです。如何に高度な学識があっても、こうした常識が無ければ、学者や専門家としては立派でも、人間としては、失格です。

ほとんどの人が、金持ちになることを望んでいます。その為に、無理なことをする人と、しない人が居ます。無理をしてはいけません。「無理が通れば、道理が引っ込む」という諺があります。人間には、力の限界や運命など様々な条件がつきものです。そうしたことを率直に受け止めて、あとは、その金を如何に有効に使うかに付いて、知恵を働かすことです。「爪で拾って、箕で捨てる」という教訓があります。こつこつと稼いだ金を、無駄に捨てる様な使い方をするなという戒めです。

要は、金に頼る生活は、最少限にとめて、金に頼らない生活をしなさいということです。「金は稼ぐもので、使うものではない」これは極端すぎますが、金持ちになる近道であることには間違いありません。

消費者である一般大衆が、金を使わなくなれば、物が売れなくなります。物が売れないと世の中の景気が後退し、物が余ります。物が余れば、金の価値が上がります。結果的に金が増えることになります。

昭和時代の後半は、経済活動が活発で、経済成長とインフレの相乗効果で、バブル経済の時代でした。札束が飛び交っていました。そのバブルがはじけ始めた頃、人々は、もう一度、この好景気が戻ることを期待していました。期待する心は「欲」です。欲が悪いと言うのではありません。欲が明日の予測を狂わせるのです。色々な人が、相談に来ました。「これから先、どうなるのでしょうか」です。言葉の裏には、「もう一度、景気は良くなります」という答えを期待していました。

私の答えは、「もう、この景気は戻りません。これからは、物余りの世の中になります。物が余れば、金の価値が高くなります。今のうちに、物を金に替えておいた方が有利ですよ」でした。実行した人もあり、しなかった人もありました。

バブル時代に、土地や物を買い占めた人は、皆、大きな損になりました。倒産する企業も沢山ありました。問題の根源は、行き過ぎです。人間の欲が過剰現象を惹き起こすのです。今はどうでしょう。まったく変わっていません。鳥や魚の群れが、一団となって動き回っている光景と同じです。行く先も分からずにただついていくだけという状態です。人間も生き物です、鳥や魚と似ていても不思議ではありませんが、少しは、頭をつかったらどうかと思います。これが、国や社会の誤りを惹き起こすのです。ものの正体を見ずに殺到する。金に付いても同じです。

人間生活に大きな貢献をして来た資本主義システムが金儲けの資本主義に変貌してしまいました。その波に乗った人は、笑いが止まらないでしょう。波に乗れない人間の数も年々増加しています。その結果、社会が壊れつつあります。社会は、人類が生きる基盤です。社会の存続と繁栄に大きく貢献して来た資本主義が欲望の資本主義になって、富の寡占化の時代になったのです。結果は、差別化と貧困です。これが社会を崩壊させる源になります。

社会は、米の品質評価に似ています。特等米の中に、一握りの割れた米や変色した米が混入すれば、その米全部が、劣等米になります。

全体的には、豊かな社会でも、一部に、貧困や、格差があれば、その社会は、劣悪な社会です。自由も平和も吹き飛んでしまいます。今日の日本の現状が、如実に物語っているではありませんか。最も大切な人間の命が、事故や犯罪で、毎日、沢山失われています。詐欺や暴力もうんざりするほど横行しています。

近代の進化した社会は、金が中心になって、人間の生活が進行しています。金には、本来の機能とその限界というものがあります。それを見落として、金は万能であると思い込むことが誤りの源です。金は、人間によって、考案され、人間生活を豊かにする為の道具です。それを人間の欲望が、人間に危害を及ぼす魔物にしてしまったのです。そして人間や社会を壊しているのです。金に頼る度合いを少なくしなければなりません。

金の無い社会のことを連想してみて下さい。そんな社会が何処にある。ありますよ。家庭です。家庭は社会の最小単位です。今日、親子や夫婦の間でも、「金は他人だ」だと言う人は沢山居ます。それは、家族以外との係りが混入しているからです。純粋に家族の中では、金は存在しません。共生の社会だからです。ここには、格差も、争いもありません。

人間は可能な限り、働かなくてはなりません。自立して生活するためです。その方便として金を手にするのです。金は最終目的ではないという認識が必要です。そうすれば金との距離が少し遠くなります。遠くなっても、金は決して逃げたりしません。

金が出て行く状況を考えて見ます。金を「おあし」というのは、足が生えたように、勝手に出て行くからだといいます。金は大切に仕舞っておけば、何処へもいきません。大切にする心が薄れるから出て行くのです。金より大切なもの以外は買わないことです。

金儲けを企む輩は、あの手この手で、人の心をくすぐります。人間には、くすぐられると我慢できない弱点が沢山あります。その弱点を防ぐ方法を研究することも大切です。人間が持つ欲を刺激して、欲望に変えさせて、それを満足させる代価として金を取り上げる。それを防ぐには、正しい価値観を持つことです。

少し上等な乗用車一台を買う金があれば、一〇人の大人が、十年間食べる米が買えます。その車も、数年使えば、セールスマンが来て新車に変えようという。日本中、何処へ行っても、古い乗用車はあまり見掛けません。日本人は皆、金持ちになったのかと言えばそうでもない。新型乗用車に追いかけられているのです。

職がない、金が無い、生活ができないから、結婚することが出来ない。遂に、出生者数が一〇〇万人を割り込みました。このペースでは、生まれた子供全部が無事に八十歳まで生きても、日本の人口は八〇〇〇万人を下回ります。下り坂スパイラルに入った人口減少は何処まで落ち込むか分かりません。

職がない。本当に就職する処がないのか。あります。無いのは、働く意欲です。このような人間が沢山できてしまいました。本人の責任だけではありません。大半は、社会の責任です。社会はどれだけ責任を自覚しているでしょうか。ほとんどが現象しか見ていないようです。当事者でも、責任逃れに必死になっています。学者や専門家が、様々な見解を発表しています。しかし、殆ど、社会現象について語っているだけです。問題は原因です。

経済活動が盛んで、世の中の金が偏在してしまいました。競争の結果です。人間には、能力や意欲に差があります。運もあります。そのまま自由競争の場に放置すれば、沢山の格差やひずみができます。これは、社会としての正常な姿では、ありません。優勝劣敗や弱者排除は、社会にとって、天に向って唾するようなものです。競争の原理がある限り、敗者も弱者も次々に生まれてきます。その結果、最後は崩壊してゼロになります。

競争は、進歩の原動力です。しかし、生存競争を野放しにしては駄目です。人間の生存権を脅かすことになるからです。生存権は、憲法でも保障されているように、人間の最後の砦なのです。それが脅かされると、人間は悪鬼になります。「自棄」になった人間は社会を敵に回して、社会を崩壊させようとします。世界の各地で多発しているテロの現実を見ればよく分かります。人類だけが同類を殺すのです。この原因は何でしょう。

貧困は、人間にとって、最悪のものです。他にも良くないことは沢山あります。しかし、貧困だけは、受け入れることが出来ません。貧困以外は、自分の宿命として割り切らなければならないからです。じっと耐えることができます。しかし、貧困だけは、割り切ることができません。何かのきっかけがあれば、暴発します。本人は勿論のこと、社会にとっても大変に不幸なことです。どうしたら貧困を無くすことができるでしょうか。

それは、共生する社会を造ることです。第一歩は家庭です。家族が力を合わせれば生活は安定します。共生社会です。

核家族は、生活共同体ではありません。単なる子育て家族です。生活共同体の最小単位は親子三世代が一つになって構成する共同体です。親子三世代が一つの家族として生活をすれば、その効率は、二倍、もしくは、それ以上に成るでしょう。同時に、精神的安定性は格段に高くなります。更に、居住する地域の精神的絆が強くなれば、社会は安定したものになります。

貧困とは、単に、金がないというだけではありません。それ以上に、欠乏しているのが、温かみのある人の心です。確《しっか》りした心の絆があれば、人間は、大概の困難には耐えられます。人間は何かの社会に所属しなければ生きられないのです。

現代の日本社会は、戦後、経済的には豊かになりましたが、人間が生活の基盤とする社会は、大変に脆弱なものになってしまいました。拝金主義がその原因です。人間にとって最も大切な心の繋がりが、金の繋がりに変わったのです。学校も、職場も、都会の街も、金ぴかになりましたが、その中には、心が貧しくなった人間が沢山います。心の絆を繋《つな》ぐ相手がいないのです。金は必要なだけあれば良い。なるべく、金に頼らない人生こそ、実は、豊かな人生であることを認識しなければなりません。拝金主義が染み渡った現代、このようなことを言っても、多くの人は、「貧乏人の僻《ひが》み」といって、笑うでしょう。笑わない人が沢山居ることを願います。

ならば、人間は、金持ちになれば、幸せな人生が送れるか。人生の中で、金のお世話になる部分は、一部に過ぎません。大部分は自分自身であり、家族であり、友人知人や職場の人間たちとの交流です。そこには、取り立てて言う程に金は必要ではありません。人の心を温かく受け入れる心があれば充分です。

一般的になりますが、二つあります。一つは、世の中は、何処へ行っても、人間の集まりです。その中に入っていくのですから、良質の人間性を持つことです。良い人柄は、何処へ行っても、歓迎されます。特に最近は、人柄の良い人間が少なくなりました。これだけでも、希少価値です。

良い人柄とは、生きる力、「体力、気力、知力」をもっていて、道徳を弁えた人間のことです。少しも難しいことではありません。

次は、専門知識や技能です。本当に役に立つこれらの専門は、現場に入らなければ、身につきません。学校で学ぶ知識を「座学」と言います。座学は「耳学問」です。「畳の上の水練」という諺もあります。「百聞は、一見に如かず」です。真の専門家は、現場でなければ、育てることは出来ません。必要なのは、素質とやる気です。

学歴や資格は、ビンの表に貼ったレッテルです。問題は、中味です。中味が悪ければ、直ぐに、吐き出されてしまいます。レッテルは粗末でも、中味が、本物なら、「やっ！こりゃーいける」となります。それが人間の価値です。
人間は、成人期という長い年月、社会に中で、働かなければなりません。その間、ずっと、良い関係を保つ基本は、「誠実」ということです。その反対は「欺瞞」です。どちらの道を選ぶのか、それによって、その人の人生は、白と黒に分かれます。

金を稼ぐために売るものは、人でも物でも同じです。「本物」でなければ、長続きしません。「長く続く」ということは、何事によらず成功への王道になります。滴るような小さな泉でも、大きなタンクを満たすことが出来ます。時間が大切です。

いずれにしても、金を手にする為には、働くことです。働くことについては、職業の項で、考えて見ます。

金を稼ぐ目的は、使うためです。使う目的は、必要なものごとを手に入れるためです。必要なものごとは、日々生活する中で絶えず生じてきます。従って、金は予め、準備しておかなければなりません。日本人の大多数が生活する都会では、一杯の水も金が無ければ呑むことができません。

人間が金を出して、手に入れたいものごとに、必要なものと、必要ではないが欲しいものがあります。「必要ではないけれども欲しい」ものが、人間と金との関係を左右する鍵です。この鍵の使い方の上手な人は、金に困ることはないでしょう。

先ず、金を手放すことについて、世間を観察しますと、上手な人、下手な人それぞれ、沢山います。特に、最近の若い人は、物凄く下手です。原因は、なんでしょうか。先に述べた原価計算ができていないのです。何でも金に頼るようにできている人間たちです。身体も頭脳も使いません。欲しいものは無差別に買います。遊びは、人間生活の中の最も非生産的なものです。この遊びのためには、特に、沢山の金を消費します。その為に、金のない人間に転落してしまうのです。

金が出て行く過程を詳しく観察すると、幾つかの段階があります。

生活をする為に、必要な物を手に入れるための支出などです。それにも幾つかのグレードがあります。最低限度や少しのゆとり、更に、上等やその先に無駄と贅沢があります。

文明が進化し、生産技術が向上したお蔭で、人間の生活が大変に便利で豊かになりました。それには、資本主義という社会システムが大きな貢献をしていることも見逃してはなりません。しかし、如何に有効なシステムでも何処かに欠陥はあります。システム自体に欠陥はなくても、それを運用する側にあるかもしれません。伝家の宝刀も使う者の心次第ということです。とかく人間というものは、力を持つと心が傲慢になるからです。心の貧しい人間が金持ちになると、社会が正常さを失います。人間の存在が見えなくなるのです。

資本主義社会が道徳を失うと、野放しの武士社会と同じになります。「切捨てご免」の社会です。人間が単なる金儲けの道具にされるのです。何も分からない若者たちは、自分から進んでその道具にされに行きます。放置すると取り返しのできない世の中になります。何らかの歯止め必要です。政治も経済界も教育界ですら気が付いていません。

金の使い方の基準は、その人間が持つ、価値観です。その一つが金に対する依存度です。昔、時折、耳にした言葉に「うちのお父さんは、財布に、一万円札を入れて置くと、何時までも、そのままあるのよ」でした。必要な物は、家計から支出していたのでしょう。必要の無いものは買わないようです。この時代には、こうした人間は、決して珍しいものではありませんでした。価値観の基準が、無駄と贅沢は、庶民の敵と決めていたのです。

生産性が向上した頃からの社会は、大量生産、大量消費にかわりました。基本的なものの消費には限度があります。必要なものが満たされればそれ以上は売れません。

売り上げを伸ばすために、贅沢と無駄という武器で攻めてきます。先に申しました「虚飾の割合」です。堅実な社会では、全体の三分の一程度までです。それを超えると、熟れた果物と同様に、軟弱な社会に落ち込んで行きます。現代は、軟弱度が更に進んで、贅沢と無駄が三分の二以上の割合に膨らんできています。人生は空回りになります。現代は通信技術が発達しました。世の中は、二十四時間、金儲けのための電波が地球上を飛び交っています。

現代は、豊かな世の中です。健康であれば、誰でも人生を楽しむことが出来ます。そのためには、あまり、金に近つき過ぎないことです。少し距離を置きましょう。

金と聞くと目の色が変わる人がいます。大変危険です。金というものは、追えば逃げます。欲しければ、追いかけたりしないで、金の方からやって来るような仕掛けを造って置くことです。周りを見て下さい。仕掛ける人、吸い寄せられる人がよくみえます。

一攫千金《いっかく》は、誰もが願うことですが、現実には、その様な幸運はほとんど無いでしょう。従って、毎日働いて、少しずつ金を手に入れる、これが庶民の人生というものです。

現実には、庶民が金を手に入れることは、こんなにのんびりしたものではありません。毎日、朝から夜遅くまで、「形振《なりふ》り構わず」働かなくてはなりません。そして、成人期の大部分を費やしているのです。これが人生の現実です。これを辛いと思うひとは、実力以上の金を稼ごうと思うからです。実力の範囲内で、稼ぐなら、それ程、辛いと思うこともないでしょう。辛ければ、転職することも一案です。

金で自分の評価を高めようとする人が沢山います。これは、大変な認識違いです。人間の評価はその人が持つ「品格」です。金を使えば人間は沢山寄って来ます。それは、人間の魅力ではなく、金が人間を、引き寄せているだけです。

金には金額という数字で価値が表示されています。交換する物事には、価値の表示がありません。表示されているのは、価格であって、価値では在りません。価値は自分で判断しなければならないのです。価値判断ができない人は、無駄金を使う危険があります。
正確な価値判断をする為には、正確な価値観が必要です。価値観の基本は幼児期につくられます。

金の話に戻ります。金は、何かを求めるために使います。求める原因は、欲望です。欲には、本当に役に立つ欲と、無駄や害になる欲とがあります。後者の欲が、大切な金を無駄にし、人生を、無駄にしてしまうのです。金は、稼ぐことも大切ですが、使い方は、それ以上に大切だということを、心に刻み付けることです。

使い方の一つに、「遣り繰り」ということがあります。「稼ぎ男に、繰り女」と言います。昔の話です。男は外に出て働く、女は、その金で家計を賄うということです。算数のAとBを分担して、上手に運用するということです。

金を遣う遊びでなければ楽しくない、という人間が多くなりました。遊びは働かないのだから金など使えないは、以前の時代の価値観です。

遊びに金を遣う人間は、遊びを買うことです。金を遣わずに遊びを楽しむことは、遊びを自分で造る人間です。人生に対する考え方の違います。

「妻が、金使いが粗いので、止む無く、離婚しました」という話をよく耳にします。女子に限らず、男子にもあります。これは、物が欲しいから、買うのではないようです。一寸、興味を引かれたものがあると、それを買いたくなるのです。「買う」という行為を、止められないのです。このような人間は昔もいました。「見た物乞食」といって、揶揄《やゆ》されていました。一種の精神的なもので、買い物中毒とでも言いますか。多分、幼児期の環境の影響によるものと思われます。「浪費癖」というものです。

浪費癖というほど病的なものではありませんが、「買い物」と言う行動を、楽しむ人間が沢山います。大量生産時代の申し子のように見えます。その原因はやはり、価値観が狂わされているのです。狂った羅針盤で航海するようなものです。価値観を正常に戻さない限り、人生行路は、難破する危険があります。

稼ぎ方、使い方の次は、「金持ち」になる方法です。全ての人と言っていいでしょう。皆金持ちになりたいと願っています。金持ちと言われるようになっても、もっと金が欲しいと言います。ものには、必要と充分という二つの状態があります。金は、どれだけ必要か、又、どれだけ在れば充分かということです。この金についての、必要充分条件を考えたことがありますか。多ければ多いほど良いでは、労力の無駄になります。

いずれにしても、金持ちになる方法は、難しいものではありません。少しだけ努力すれば誰でも金持ちになれます。無理までして金を稼がなくても、入った金を、なるべく、外に出さないことです。「ちりも積もれば、山となる。」これを信ずることです。

若い人に向って、貯蓄をしなさいと言うと、いやだと言う。貯蓄とは、他人のためのものではありません。自分自身のためです。本当に金が必要な時のために蓄えることです。それでも、嫌だといいます。良いと分かっていても出来ない、目先の欲望に抗しきれないのです。

金持ちになる確実な方法は、大変に地味なものです。世間で話題になるような「サクセストーリー」など、それ程沢山あるものではありません。希少価値だから話題になるのです。此処で言う金持ちになる方法は、繰り返しますが、山肌から滴り落ちる清水をバケツにためるようなものです。一杯になるまでに半日、いや一日掛かるかもしれません。必要なものは、根気です。入った金の五%でも一〇%でも、必ず、貯蓄するのです。人間は、金が溜まると、安定感が出てきます。安定感は人生の質を高めます。

金の使い道は、三つです。第一は、家族の生活を支えるための家計費です。第二は、社会生活のための小使いです。第三は、事業への投資です。これは、金銭哲学の基本です。この使い方のチェック機能が確りしないと、無駄な金使いをすることになります。生活費を遊興に遣うことや、投資に回すのは、家族生活の破壊につながります。知人が金を借りに来ても、金の使い道を確かめて、この原則に従って貸すか、貸さないかの決定をすれば良いでしょう。義理や人情に絡まれる心配はありません。相手が生活に困窮しているなら、自分の生活費の一部を割く理由になります。

さて、人間は、金持ちになって、良いこととは、何でしょう。

他人が尊敬してくれる。そんなことは、先ず、無いでしょう。せいぜい、他人に羨《うらや》ましい思いをさせて、優越感に浸る程度です。色々な物を手に入れて、贅沢《ぜいたく》な生活ができる。このようなことを表に出すと、顰蹙《ひんしゅく》を買うだけです。

本当の金持ちになって良いことは、贅沢な暮らしや、優越感などではありません。生活の安定感から来る心の豊かさです。心の豊かな人間は、きらびやかで贅沢な暮らしや、人を見下すような優越感など求めたりしません。贅沢や無駄なこともしません。地味で上品な生活をします。金持ちになっても心の貧しい人間が沢山居ます。金を持った貧乏人です。

人々は誰でも、安定した人生を願っています。安定の対象は、健康と、経済です。健康は、食べ物と運動による健康管理です。経済は、収入と蓄財です。しかし、安定のために、最も大切なことは、変化に対応する力と知恵を養うことです。人生そのものが、不安定の流れに漂っているのです。何事にも、溺れることなく、少し距離を置いて、観察すれば、ものの正体は見えるものです。それが見えてくると、人生が安定してきます。繰り返しますが、安定の基本は充実した家族生活です。安定した家庭には、金も心もあります。

人間にとって金は両刃の剣です。益になるか害になるか、それは使い方次第です。昔、武家政治の時代、侍は、刀の使い方を「剣道」と言いました。刀を扱う技術は、剣術です。道とは、精神です。有益と危害の両刃の剣を有益に使う為には、技術だけでなく、正しい心が必要だというのです。やがてその精神が「武士道」として武士の人間造りの基本となりました。

金を稼ぐにも、使うにも心が必要です。経済が中心の現代、金は、当時の刀のようなものです。金という力を手にした経済人も、正しい金の扱い方を身につけなければなりません。それは、武士道と同じく、道徳心です。人間が中心の社会のことは、何処まで行っても、人間が第一だからです。明治維新以来、日本の資本主義社会の発展に貢献をした人たちが沢山いました。後世に語り継がれる人たちは皆、金より道徳心を大切にしていました。

「金は、天下の回り物」誰のものでもありません。その時に、持っている人のものです。持ち主は次々と変わります。金には、過去も未来もありません。あるのは、現在という瞬間だけです。金は、頼れば頼るほど、空しいものになります。金を持っていた人が、その金を使って、世のため人のために役立つことをすれば、金は、無くなりますが、行った行為は、末永く、世の中にも、人々の心にも残ります。金を、握ったまま、人生の終わりを迎えることほど、無意味なことはありません。

一般に、金の無い人を、貧乏人と言います。貧乏とは、一般には、収入や財産が少なく、生計が思うようにならないことを表現しています。金や財産だけでなく、心の貧しい人も貧乏人と言うことが出来ます。日本は、戦争をして負けて、一時、国が無くなり、その後、再出発し、経済立国を目指しました。国民は、一生懸命働いて、国は、経済大国と言われる様になりました。

人間というものは、不思議なものです。「衣食足りて、礼節を知る」と言いますが、この言い伝えは、間違っているようです。礼節とは、礼儀や節度のことです。現実の人間を見ていると、全く、反対の人間も沢山います。礼節は、金とは関係がないようです。

物が豊かになり、不自由の無い生活の中で育てられた人間は、大方、礼儀や節度を弁えていないようです。我がままがそのまま通っていたからです。反対に、乏しい生活の中で、親が、必死の思いで育てた子供は、確りした人間に育っています。

この証拠には、現代では、金や財産は沢山持っているが、心は貧しい人が沢山居ます。金の大切さが分かっているかどうか知りませんが、心の大切さが分かっていないことだけは明らかです。

「敷島の大和心を人問はば朝日に匂う山桜花」本居宣長

質素で、気品のある爽《さわ》やかな心です。

以前の日本の庶民は、一生懸命働いても、容易に金持になることは出来ませんでした。そこで求めたものは、心の豊かさです。心の持ち方は金など関係なく質を高めることができます。分かり易く表現したものが、道徳です。仁、義、礼、知、信、忠、孝、嘘、恥などです。日本人は、庶民の間で、富よりも上位に心を据えたのです。それが、精神性を大切にする日本文化を造り上げて来ました。その中に、宗教もありました。現世の苦しみから、せめて、精神的に逃れるために、あるはずの無い、来世を信じたのです。来世の幸せを、確実なものにする為に、心は、「清よく、正しく」生きよと教えました。あの世の入り口に閻魔大王が居て、その人の生き様によって行き先を地獄と極楽にわけると。素朴で、幼稚な話で、民衆に分かり易く道徳をすすめたのです。

戦争に負けて、平和国家になり、世界を相手に金儲けに邁進しました。「一億総中流」といわれる、豊かな時代になりました。誰でも金持ちになる可能性が目前にちらつく世の中になったのです。そうなると心になんか構っていられない。目指すのは金だということになったのです。

少し目を開けば、良い時代になったことが見えるはずなのに、心が他を向いているので見えない。どこまでも物欲の虜《とりこ》のような心で金を追いかけている。

金の稼ぎ方と、金の使い方を、効率という面に光を当てると、少なく稼いで、少なく使うのが、尤も効率の良い使い方です。

沢山稼ごうとすると、必要な労力は、倍加します。使う方は、少しの金を使う訳ですから、きめの細かい使い方になります。この反対は、粗雑な使い方です。

文明の進化に伴って、資本主義が社会の中心になって、二百年、金が人間を支配する社会になって来ました。子供たちは、生まれると、直ぐに、好むと好まざるとに関係なく、金というものに出会い、生活の隅々まで、金がついてくる社会で育てられます。

子供が生まれると直ぐに、親たちの多くは、幼い子供に、金儲けのための学習を始めさせます。習い事です。小学校に入ると、学歴社会の渦が待っています。寝ても冷めても受験勉強です。一流大学を出て、一流企業に就職して、高い給料を手にする。その金で豊かな生活をする。これで幸せな人生が送れる。果たしてそうだろうか。疑問を抱く人がどれだけ居るでしょうか。

これから成長する子供の将来の何が分かりますか。これからの時代が、どの様な時代なのかも分かりません。分からないことが、山程ある未来に向って、未知の人生を生きるのです。どうなるかは、神様でも分かりません。必要なのは、如何なる時代にも、又、如何なる運命にも、全力で立ち向かって生きる力です。親の夢、(大抵の場合、金が中心のつまらぬ夢、)を、可愛いわが子に背負わせてはいけません。


大方の庶民は、全てが、普通です。普通の境遇に生まれて、普通の能力を持ち合わせて、普通の仕事にありつける。これが大多数です。

金を手に入れる方法は、働くことです。働き方に、二つの型があります。自立して働くか、人に使われて働くかです。詳しくは、次の職業の項で、考えて見ましょう。

八 職業

人生は、繊細でひ弱な、薄紙のようなものです。職業は、人生という紙を裏打ちする丈夫で頼り甲斐のある紙のようなものです。無くてはならないものですが、表に出ると人生の立場が無くなります。

人生にとって、職業は欠くことのできない重要なものです。職業とは、家族の生計を維持することと、働く本人の生き甲斐です。

社会には、人間が生きる為に必要な様々な機能があります。その機能を働かすことが、職業です。人は成人すると、何かの職業に就いて働きます。ここで考えるのは、人生にとって職業とは何か、どの様な係わりがあるのかなどに、ポイントを当てて見てみます。

人間が成人したら結婚をして家庭を造り、子供を育てます。そのために必要なかねを稼ぐことが職業を得て働くことの第一の目的です。

成人して老後を迎えるまで約四十年間働きます。単純に年数だけで見ても、人生の半分です。生き甲斐も無ければなりません。

職業は収入と生き甲斐と同時に、家庭生活との両立が必要です。人生の土台は家庭です。「店に車を付けろ」と言った人がいましたが、それは、店舗のことで、住宅を移動式にすることはできません。伝統文化と共に生きる家族は、遊牧民のように、転々と家を移動させることはできないので、家から通勤可能な処に職場を求めることが必要です。

文明が高度化すればするほど、仕事は細分化され高度化します。それに適応する能力が求められます。無理をすればどこかで破綻《はたん》します。適性を見なければなりません。

家計を維持する収入は、安定性がなければなりません。職業は永続性が必要です。四十年間続くためには、絶えず変革を繰り返す、時代の流れのなかで、乗り遅れない力のある職場を選ぶことです。

仕事に生き甲斐を求めるにはどうするのか。仕事は、社会の役に立つ価値の生産です。価値には、質や生産の難易度など、さまざまな要素を含んでいます。それを造る達成感や職場社会に対する貢献などがあります。一般的な生き甲斐です。

又、職場社会の組織の中の役割などもあります。立身出世などといいます。功名心は、人それぞれの人生観によります。しかし職場を去れば、すべて無くなります。

これらの要素が全て、満たされるなら、幸運というべきです。現実には、幾つかの妥協が必要です。

人間は、高校を卒業する年齢に達すれば、成人として、自分の職業に就いて、具体的に考えることになります。それまでに、職業について、具体的な知識や体験を持つことが必要です。同時に、自分の能力や特性に付いても充分に解明しておくことです。

大学は、職業の一部です。漠然とした、淡い知識だけで、大学や職業を決めるのは、成り行き人生になってしまいます。

働き方に二つの形があります。自立して働くことと、雇われて指示に従って働くことです。職業の基本は、働くことです。働くとは、人が動くと書きます。又、動くためには、身体を動かす意思が必要です。これが、人が働くという行動の原理です。

職業の出発点は、「働く意欲」です。働く意欲が無ければ職業は成り立ちません。働くことは、肉体的精神的苦痛が伴います。途中で、簡単に、止めるわけにもいきません。苦痛に耐える忍耐力が必要です。同時に人間の適応能力が求められます。

働く意欲は、幼い頃から、身体で覚えさせないと、身に付きません。働く意欲は職業教育の最初の土台です。難しいことではありません。家事でも何でも良い、作業をさせることです。田舎には、幼児にできる作業が沢山あります。庭や家の中の掃除、家畜の世話、家事の手伝い、何でもあります。本当の人間教育は現場でなければできません。最初は、やって見せるのです。直ぐに覚えます。更に、小学校高学年になれば、食事の支度は当然です。中学、高校生では、他人の中で働く経験を積むことを逃してはならない時期です。春、夏、冬の休暇にアルバイトや、知り合いの仕事場で現場体験をさせてもらうなどは、是非、必要なことです。「他人の釜の飯を食う」これは、人間関係ということの体験です。こうしたことが、生きた職業教育です。

この体験学習は、職業教育の基本です。学業の妨げになるなどと考えてはいけません。学業より大切なことです。

大学進学は、職業への入り口です。その入り口を選択するには、職業の実態に関する知識が必要です。同時に、自分の適応能力を知らなくてはなりません。適応能力を知るには、現場に立つことが、一番の早道です。それが無くして、進学する大学を、何を基準に選択しますか。漠然と、世間の評判だけを聞いて、有名大学を選ぶ。これは、自分に対して、余りにも、無責任です。職業は、人間にとって、人生行路を行くための船です。真剣に選ばなければ、難破するかも知れません。

繰り返します。人間が、働く意欲を身につけるのは、幼い頃に、実践しない限りできません。

更に、学校教育や、選抜試験で行われているテストは、記憶した知識の量を計っているだけです。本質を考えてみると、知識とは、既に決まったことの集積です。現代では沢山の書物や電子機器に収録されています。手軽に引き出すことも出来ます。大切なものは、考える力と実行力です。

目出度く職場が見付かります。初任給は幾らですか。雇う企業から見れば、当分のあいだは、赤字です。早く一人前の戦力に成ってもらいたいと願うばかりです。

出勤を始めて、三日くらいは、お客様扱いをしてくれるでしょう。その後は、遠慮なしに、剛速球をびしびし投げ込んできます。始めは、手がはれ上がるでしょう。そのうちに受け方が分かってきます。それまでが辛抱です。耐えるためには、体力、気力、知力があれば充分です。「石の上にも三年」と言いますが、十年は、頑張らないと一人前の戦力にはならないでしょう。

職場社会に入って、一番難しいのは、人間関系です。嫌なのが沢山います。昔もいました。最近は、陰湿な苛めが多いようです。ブラック企業などは論外です。「パワハラ」です。逃げてはいけません。無視して、じっと耐えるか、機を見て反撃するか、それには、戦略と戦術を練ることが大切です。間違っても、負けるような喧嘩はしないことです。どうしても嫌なら、職場から去ることです。「人生、到る処に、青山あり」です。嫌な上司、馬鹿な従業員のいる職場に将来の希望はありません。あとは、経営者自信が考える問題です。

何も分からない状態で入った職場も、十年も辛抱すれば、押しも押されもせぬ一人前です。と同時に、気の緩みが出る頃です。影を潜めていた欲が「欲望」となって頭を出してきます。一度踏み外すと、人生終わりです。特に、十年過ぎた頃が危険年齢です。財布の中に「お守り」を入れて置くと良いでしょう。神様ではありません。自分に対する戒めのお守りです。折にふれて、この戒めを見て心に歯止めをかけるのです。人間は決して、聖人や君子ではありません。皆、唯の凡人です。橋の欄干《らんかん》の上を歩いているようなものです。用心しないと川の中に落ちてしまいます。無事にリタイヤーの日が迎えられる人でも、幾度も落ちかかったことがある筈です。

前述しました。職業には、自営業があります。儲けも損も全部、自分のものです。儲かることだけを夢見て、自営業を始めてはなりません。儲けより損をする確率の方が、ずっと高いと思って下さい。

人生、どんな風が吹くか分かりません。時には、止む無く、自営業をせざるをえない時もあります。三十歳代後半ともなれば、人間、勝負することもあります。今まで乗ってきた船に別れを告げる時です。これから乗る船は、何もかも整った船ではありません。筏や丸木舟のようなものと思って下さい。それで大海原を乗り切るのです。後は、腕と気力だけが頼りです。いままでは、立派な企業の看板を背負って社会を渡って来ました。これからは、名も無き個人で社会の荒波に乗り出すのです。武者震いや生き甲斐を、一度か二度経験をすることは、人生の大きな宝になります。

見渡してください、世の中には、こうした思いを胸に、営々と努力して、立派な看板を、高々とあげている人が沢山居ます。多分、彼らの大半は、恵まれない境遇から立ち上がって、涙ぐましい努力によって、今日の姿になった筈です。本当に立派な人たちです。

勝負に出るには、早く結婚して家庭の基礎が出来ていれば、当座の生活の心配はないでしょう。安心して勝負は打てます。仮に、失敗しても、捲土重来《けんどちょうらい》の機会はあります。

自営業は、企業を経営することです。企業とは、利益を挙げることを目的に、組織を造り、組織を運営して、商品を生産するか、流通させるか、販売するかの仕事をします。収益より使った経費が多ければ、赤字になります。赤字にならないように、運用するのが経営です。経営とは、極意を会得すれば、さほど難しいものでは有りません。極意とは、組織を活かすことです。組織は、人、物、金で出来ています。この組織が、諸々の情報を集めて活動するのです。組織を活かすとは、人、物、金を無駄にしなければ良いのです。

特に人です。「経営は、人なり」と言います。人を活かすことが、経営に成功する鍵です。人を使って仕事をしている人間は、日本中に沢山居るでしょう。そのうち何人が、人の使い方を心得ているでしょうか。ポイントを幾つか挙げてみます。

一、まず、自分が、人間から脱皮することです。人間対人間では、摺《す》り合わせが難しくなります。自我を抜き去れば、無色無臭人間になります。人を使うための第一課です。

二、人の功績を顕彰することです。これが分からない経営者が非常に沢山居ます。金にばかり気を取られて、人間の働きが見えないのです。

三、人の非をあからさまに責めないこと。退路を断って攻める馬鹿な人がいます。窮鼠《きゅうそ》猫を噛むという教訓を知らないようです。

四、人と同じ目線で、向き合うこと。部下や使用人という立場は、経営組織の関係です。人間は対等です。人格を傷つけてはいけません

こんなことが確実に実行されれば、人は、気持ち良く働くことが出来ます。持てる力をフルに発揮してくれるでしょう。

自営業は企業です。たとえ小さくても、私物ではありません。社会の公器です。確《しっか》りと経営する責任があります。その一つが、後継者です。企業を始めて、経営が軌道に乗ったら、次にやることが、後継者造りです。これも相手は人間です。難しいです。最大の難関は、苦労して育て上げた企業を私物という想いから抜け出すことができるかどうかです。可愛い娘を、見ず知らずの男の嫁にやるようなものです。これができないなら、廃業するだけです。

企業は規模が大きくなると、部門や事業部を造って複合形態になります。この組織を経営す

①まず、自分が人間から脱皮すること
②人の功績を顕彰すること
③人の非をあからさまに責めないこと
④人と同じ目線で向き合うこと、人格を傷つけないこと
これらが実行されれば、人は持てる力をフルに発揮してくれる

経営は人なり

るのは、大変だと思います。何万〜何十万人の従業員が、沢山のセクションに分かれ、事業所も国内だけでなく、海外にまで展開している。この組織をどの様にして把握するのか。経営者には、経営に対する権限と責任があります。権限は、行使するけれども、責任は果たさないと言うか、果たせない経営者が居ます。一介のサラリーマンが出世した経営者に見られます。自分がこれまで歩いてきた道しか分からないからです。専門化と同時に全体を見る目を養っておかないと、企業の経営は出来ないことを認識しなければなりません。専門分野の技術者でも、経営する立場に立つことになるかも知れません。若いうちから、経営の基本だけは学んでおくとよいでしょう。

経営とは、全体を見ることが絶対条件です。如何に、過去に功績が有っても、経営感覚の無いものを企業のトップに据えてはなりません。繰り返します。論功行賞のために、経営者のポストを用意しては駄目です。

職場は、人生を乗せる船ですが、未成年や老人は乗れません。退職して下船すれば、収入が無くなります。現代では、年金がありますが、制度には、個々の事情に対応する柔軟性がないので限界があります。

未成年と老人が生きる場所は、家庭と地域社会です。一番頼りになるものは、三世代が同居する家族です。血族の絆を強くして、堅固な家族を構成しなければなりません。

未成年を養育することも老人を介護することも、地域社会の公共機関との連携があれば心配することはありません。

通勤は、職業に付いて、切り離すことの出来ないものです。大都市近郊に居住して、都心に職場を持った場合、通勤には、片道二時間、往復四時間掛かります。職業は、仕事の内容と場所です。何処でどんな仕事をし、どれだけの賃金を手にするのかです。

職業について、考えるポイントは、仕事の内容、賃金の額、職場環境、特に人間関係、通勤時間などです。

大都市の中に、家族の生活を満足に維持することができるほどの、住居を造ることは、巨額の資金が無ければ出来ません。この場合、どちらを優先するか。直面したら悩む問題です。冷静になって、考えれば、答えは、家族の生活ができる住宅が優先です。理由は、現在の日本の社会を見ると、家庭が本来の用を成さなくなり、人口減少、人間劣化、老人問題などが多発しているからです。大きな社会問題ですが、声を大きくして語る人がいません。職業や経済最優先の国だからです。これからは、経済と国民生活が調和した国家社会の方向に若干、舵を切る必要があります。

申すまでもなく、文明を進化させた目的は、豊かな人生を送るためです。初めの目的が何かに押されて、影を潜めてしまっています。働いても、働いても生活が苦しいと言う。個々には様々な事情があるでしょう。全体的に見ると、人生の生き方の問題です。あまりにも無計画すぎます。生き方を知らない人間を大量に生み出した日本という国はどうなっているのでしょう。

昔から「世渡り」と言って、生き方に付いて親は、子供に教育したものです。現代の親は、子供の教育を学校に丸投げです。学校では、沢山の知識は教えますが、生き方の基本は教えません。生き方を知らない人間が続出するのです。生きられない人間は、苦し紛れに何をするかわかりません。現代の社会は、危険な人間が沢山居ます。都会では、隣人さえも分かりません。

現代社会は、ものごとが、進化し高度化した時代です。生産が質量共に、大量になりますと必然的に分業化します。人間一人の能力は小さなものだからです。分業化は、単純化と専門化をつくります。細分化された職業の種類はどの位有るでしょうか。大型書店の陳列棚に並んだ専門書があります。大変な数です。世の中には、これだけの専門分野があって、そこに専門家が幾人も働いたり、研究したり、しているのでしょう。とても数え切れません。天に聳える大樹の枝先に繋った葉や咲いた花のようです。現代の人たちは、わが子を、この花や葉の一つにするために、幼い時から、塾通いなどをさせています。人間加工に取り掛かるのがあまりにも早過ぎます。小学校を終了するまで待てないものでしょうか。

「働かざる者、食うべからず」とか、「小人、閑居して、不善をなす」と言います。働くことが人生なのです。働くということは、肉体的にも、精神的にも何かと苦痛を伴います。それが苦痛だから働くのは嫌だというのは、人生というものが、全く、分かっていない。人生とは、勤勉に働くことです。幼児からの生活が、豊かで便利な環境で、我が儘一杯に育てられたので、勤勉さなど、皆目知らない人間になってしまったのでしょう。

日本の社会は、今後、益々、犯罪が増加するでしょう。予備軍が沢山居ることと、社会の人間たちの心の繋《つな》がりが希薄になって、孤立した人間が多くなりました。

働くことは、単に、生活費を稼ぐだけではありません。時により、それより大切な効果があるのです。それは、職場社会に加入することです。人間にとって、禁物なことは、「孤独」です。人間の集団に入って、共に働くことは、生き甲斐になります。

「連れの居ない正月より、働いていた方がよほど退屈しない」などといった時代がありました。この時代は、働く人が休むのは、盆と正月だけだったのです。

長い歴史の中には、庶民が苦しい思いをしながら生きた時代もありました。どうにか乗り切る力となったのが、社会が有ったからです。共に暮す人たちの、心の繋がる社会がなければ、人間は生きられないのです。

人生は登山に例えられます。高い山の頂上をめざして、一歩一歩坂道を登ることは、大変な苦痛です。沢山の人たちが、その苦痛に耐えて山に登るのは、その先に、登頂という達成感を満たす喜びがあるからです。

物欲的損得勘定でみれば、「何だ、それだけのことか、面白くも無い」となります。登山をする者も、人生をひたむきに生きる者も、只、そのことに生き甲斐を感じているから頑張るのです。登山もロープウエーに乗れば、楽で便利です。楽で便利な生き方が本当の人生でしょうか。

職業とは、食べるために働き、子供を育てるために働くためのものです。立派に生きて、子供が成長すれば、人生の目的は達せられるのです。幾多の苦労が喜びとなって一気に戻って来ます。

人間が、生きるには、地球という自然の中にある食糧や、生活環境だけでは、生きることが大変です。知能の発達した人間は、自分たちを造ってくれた、地球を改造したり、破壊したり勝手なことを始めました。始めの頃は、地球は、自らの快復力で傷口を修理していましたが、次第にエスカレートした人間の破壊力は、修復不可能なダメージを与え始めました。その様は、断崖に突き出た木の枝に掴まっている人間が、その枝を自分の物にしようとして、切り始めたようなものです。間もなくやって来る事態がどんなものか、先が見えないようです。仕事とは、人類が、現在だけでなく、近い将来も、遠い未来も安定して生きることが前提でなければなりません。目先の欲で先が見えなくなっては駄目です。

産業界で、造り出す産物に付いての、責任は、当然、生産者にあります。品質保証です。「羊《よう》頭《とう》狗《く》肉《にく》」という言葉があります。客を騙《だま》して、少しでも儲けようとする悪質な商法のことです。さもしい心根というものです。このさもしい心根が、日本中に蔓延してしまいました。産地の偽装、ＴＶのＣＭでは、魅力的な画面の片隅に、「個人の感想です」と小さい文字が並んでいる。責任は、持たないと言っています。更に言えば、殆ど「嘘」ですと言っているようです。嘘と暴力は野蛮といいました。マスコミを使ったＣＭは嘘が一杯で、流されるドラマは、人殺しや争いごとばかりです。人間の幼稚な感性を相手にするためです。知性を対象とした品性のあるドラマでは、視聴率が上がらないのでしょうか。視聴者の質の低下が原因なのか。

職業道徳の片鱗もなくなりました。係る人たちは、果たして文化人なのでしょうか。視聴率や、スポンサー探しに、なり振り構っていられないというのでしょうか。人間は、如何なる事情があっても、超えてはならない一線があるはずです。それを超えてしまっています。

働くということは、社会が求める有形無形の価値を生産することです。その価値は、生産力の発達に伴って、供給が質、量共に高度なものになります。当然、需要する社会もそれに付いて来ます。このようにして仕事の質が高度化します。それを受けて働く人間は、素人から始まって、知識も技能も上達しますが、同時に老化もします。文明が進化した社会の競争がはげしくなれば、変化の速度も益々早まります。「十年一と昔」は、現在は、通用しません。携わる職業の内容は、次々と変わります。

「新しさ」だけが価値の時代になったのです。しかし、人間が、新しいものごとを吸収することができるのは、ぎりぎり三十五歳までです。職業の先端は、次々と若者にとって変わられます。文明の時間と人間の時間の早さの差が益々広がっていきます。文明の進化する速度を緩めて、人間の速さに合わせなければ、全てが崩壊します。

男女を問わず、大半の若者が、大学に進学し、更に、大学院と就学年数も長い時代になっています。二十歳前後は、成人期の入り口の段階です。一年たりとも、無駄にしたくない時期です。彼ら若者を、銭儲けの対象にしている大学が沢山あります。最近は、外国人までもターゲットにされています。社会の底流にあるのが、知識教育重視と学歴社会偏重です。このような黴《かび》の生えたような教育理念から早急に脱却しなければ、まともな人間が育ちません。

敗戦後七十年余り、子弟の教育が、「他人に使われ易い人間造り」というものを目標に行われて来ました。他人の命令によって働く人間を造るのです。優れた資質を受け継いで生まれてきた子たちが、他人依存の生き方を教育されているのです。現代の若者は、能力も知識も豊富です。教育すれば、自力で走る能力は充分に持っています。それを他人の命令で動くように教育しているのです。経営者に都合の良い人間をつくるためです。筆者も六十五年前、始めての職場で盛んに言われたことは「考えるな、馬鹿になれ」でした。「知らしむべからず、依らしむべし」などは、支配者の言うことです。最近は、薬が効きすぎて、押しても引いても動かないトロッコが増えてしまいました。

成人の、三分の一が、非正規労働者と言う。収入や生活が安定しない。その為に、自分の家庭が造れない。年齢的に成人しても、現実の姿は、何時まで経っても、社会に入れない未成年です。

働く意欲と力の無い人間が沢山出来てしまったようです。これら若者の大部分が、大学などの、高等教育を受けた者たちです。この現実を見ると、日本の高等教育が、如何に劣化しているかと言うことです。教育機関までも、目先の金儲けのために、人間教育という、たった一枚の金看板が錆びてしまいました。

職業を得て、誠実に働くことは、「神聖」とも言うべき、人生の大切な分部です。それは、世の中のために、役立つ価値を生産するからです。それともう一つ、意味のあることは、働いて得た金が、その人の人生に有効に活かされることです。現実はどうでしょう。

日本が明治維新という近代国家への変革を図ったきっかけの一つが、世界の先進国が採っていた帝国主義と植民地政策です。ヨーロッパの諸国が、インドから東南アジア更に、中国まで進出していました。日本も狙われていたのです。

明治維新によって、幕藩政治を廃止し、天皇制の帝国主義国家となり、外国の植民地政策の侵略を防ぐ為に、「富国強兵」を図って、軍国主義国家となり、軍備を増強しつつ、次々と戦争を仕掛け、朝鮮半島から、中国大陸の一部を支配下に納めました。ことの是非は別にして、世界の潮流でした。


ここで、頭角を顕したのが軍人たちです。たまたま、日清戦争、日露戦争に勝利してからは、戦うことしか知らない「職業軍人」が、政治の中枢に入り込んできたのです。

成績優秀な生徒のうち、何人かが、当時の、県立中学校二年を終えると、陸軍幼年学校へ進学しました。東京と京都にありました。秀才と言われる生徒しか合格できません。三年が過ぎると、陸軍士官学校に進学します。四年四ヵ月で卒業し、少尉という階級で正式の軍人となり、部隊に配属されます。その後、優秀な者は陸軍大学に進学します。一般の社会とは、全く隔離された戦争だけに特化された世界です。こうした学歴を経た者だけが、やがて、日本陸軍の首脳部を構成します。

中学二年生は、十三〜十四歳です。この年齢で、軍人教育にどっぷりと浸けられて成人します。生来、優秀な素質をもっていますから自信に満ちています。頭の中は、戦争だけです。このような人間が集って国の主権を握ったなら、その先には、戦争しかありません。闘牛か軍鶏のようなものです。

明治維新を成し遂げた、薩摩、長州の流れを汲む軍閥といわれる勢力が、日本の政治の実権を握ったのです。結果は、敗戦、国家は滅亡です。残ったのは、八千万の飢えた人間と廃墟となった国土です。

一度消滅した日本が復活したのは、五年後、アメリカを中心とする、自由主義国と講和条約を締結して、日本の復活を認めたのです。

ここで真剣に考えなければならないことは、「専門家」というものです。敗戦後七十年以上も歳月を経た今日でも、「何故あんな馬鹿な戦争をしたのか」という嘆きの言葉が聞かれます。しかし、それに対する明確な答えが出されていません。当時の人間の正体を解明しなければなりません。結果や現象ばかりひねり回しても、何も見えないでしょう。

「専門家馬鹿」と言う言葉があります。専門家という人間が馬鹿だと言っているのではありません。専門家という状態が、馬鹿だと言っているのです。専門の分野にどっぷりと浸かって、その業務に全力を傾注すれば、人間の心は、その一点に集中して、他の事は全く見えなくなるのが当然です。「自信過剰」です。例えば、車は、沢山の部品を組み立てて造られます。完成品の設計図があるから、部品はその範囲内で、優れた部品を造り、アセンブリーに送ります。全体図がなければ、独り善がりの部品を造るかもしれません。沖縄戦の記録をみますと、日本軍は、現地の非戦闘員に対して、軍人以上の過酷な処遇をしたようです。戦争至上主義の軍人だからです。国家とは何かを知らない武力集団だったのです。国家とは、国民の生命財産を守って、平和な社会を築くことです。

日本の軍閥は、秀才が揃った専門馬鹿だったのです。その上、悪いことに、道徳心が失われていました。「自己保全の卑怯者」が沢山いました。権力構造が長く続くと人間は、必ず、堕落します。江戸時代、それを防止するために、武士の教育の中心に道徳が据えられました。明治時代には、江戸時代の名残としてその精神がありました。その後、西洋文明と共に、経済優先の考えが広まるに連れて、精神より物質主義が先行したのです。人間性無視の軍国主義です。

現代は、軍国主義の時代ではありません。経済発展最優先の時代です。社会の中心を流れているものは、「金」です。この金を、「戦争」に置き換えてみれば、現代がよく見えてくるはずです。金儲けという専門分野に迷い込んだ人たちには、人類の尊厳など全く目に入っていません。今まで、生産現場で一生懸命働いて来た人たちの生活など省みずに、人件費削減の為に、機械化やAI導入などを、平気で考え始めています。効率よく、金儲けをする為です。人件費は、勤労者の生活を支えているものです。それを切り捨てれば、勤労者は生活することが出来ません。人間無視の資本主義です。

企業経営の道徳に「三益」という理念があります。先ず、顧客の利益、次に、働く者の利益、最後に、企業の利益ということです。企業道徳が、なくなって、三益の順序が狂ってしまいました。経営者の信念がなくなったのです。恥です。恥とは己に対する戒めですが、恥をかいても、平然としている人間が多くなりました。

「事業は、人なり」です。事業の経営には、色々なものが必要です。資金もその一つです。しかし、一番大切なものは、優れた人材だということです。金は単純です。誰が見ても、直ぐに

第１に顧客の利益
第２に働く者の利益
第３に企業の利益

企業経営の道徳の「三益」

分かります。人材は、見る目が無いとその価値が見えません。その為に、ものを見る目を持たない経営者は、金だけに執着します。言われ尽くしたこの言葉を、知っていても認識していない経営者の下では、人材が枯渇し経営は、先細りになります。

人間は生き物です。それ以上に人間です。朝、ミーティングで、横から、一人ひとりの顔を見ていると、それぞれのコンディションが分かります。それを見て、適切な対応をするのが、マネージメントです。

駄目なマネージャーは、非を探して、攻めます。更に駄目なのは、逃げ道を塞いでおいて、苛めます。最低のマネージャーです。

責めては駄目です。当人は既に、苦境の中にいるのです。必要なのは、温かい手を差し延べて救済することです。人間を活性化するものは、自分の意志です。意志の強弱を「意欲」と言います。意欲を高揚させることが人間の機能高める最良の方法です。

自動車は、エンジンがあるので、自動で走ります。トロッコは荷物を積むことは出来ますが、自動では走りません。現代は、トロッコのような人間が多くなりました。知識は沢山持っていますが、考える力も意欲もありません。行動も、言われなければ起こしません。トロッコでは、何時まで経っても走りません。自動車に改造することが必要です。

進化した社会では、知的、肉体的に質の高い労働力が求められています。その為に、高度な職業能力を身に付けさせようと、幼児期から、塾や手習いに力を入れる親が多くなっています。狙いは、労力を如何に高く売るかです。幼児期から、身売りの準備とは、何とも悲しいことでは有りませんか。「むしろ、鶏頭となるも、牛尾となるなかれ」これは、人間の生きる為の気概を表現したものです。トロッコのような人間を造ってはいけません。

勤労者という働き方は、雇ってくれるところがあれば、その日から働くことが出来て、大変に便利です。雇ってくれるところが無ければ、生計を維持することが出来ません。大変なことです。あなたは如何しますか。

致し方ありません。自分で仕事を作って、自分を雇って働かせます。要するに一人二役です。不安で一杯です。しかし、やるしかないのです。背水の陣というやつです。駄目で元々です。よしやれ、です。案外、上手くいくものです。世の中の懐は、飛び込んでみると意外に広いものです。一度やってみると、企業する要領が分かってきます。人生面白くなります。

必要なものは、考える力と、挑戦する気力です。変転極まりない現代、人間生活に安定など望めません。時代が変わっても、変化に対応する力があれば、少しの心配もありません。

職業と人生は、二枚の紙を貼り合わせたようなものだと申しました。人間は、職業によって裏打ちされ安定します。

一般に、人間を特定するための項目が、「住所、氏名、年齢、職業」の四項目です。これによって大かたの人間像を特定することが出来ます。これは、職業と人間の関係を二つ表しているからです。一つは、生活状況、もう一つは、職業に対する適応力です。

これは、文明が進化した社会の、副産物のようなものです。産業が未発達で、限られた職業しか無かった時代には、農村へ行けば、皆、百姓です。漁村へ行けば、皆、漁師です。個人の内面の違いなどほとんど見えません。

歴史を遡って、古い時代の様子を見てみましょう。江戸時代、日本国は、藩に分かれていました。藩が一つの国です。江戸時代は、合衆国でした。武士は、藩の直属で家臣と呼ばれ、許可無く、藩の外へ出ることは、許されません。無許可で出れば、脱藩者で、逃亡者です。家臣は録という給金を貰っていました。家臣の身分と録は家に与えられたものです。その家の後継者が、身分を引き継ぎました。永代雇用です。主家に対する忠誠は、求められれば命も差し出しました。

明治以後、藩閥制や封建制は無くなりましたが、終身雇用という考え方は、生活の安定のためにも、伝統的に守られてきました。江戸時代、二百六十年という長い年月にわたって、社会が、安定し、平和であったのは、支配者である武士の生活が安定していたからです。その安泰が皮肉にも、武士と言う人間たちを、弱体化させてしまい、明治維新という革命につながったのです。

日出でて、作し
日入りて、憩う
井を穿ちて、飲み
田を耕して、食らう
帝力、なにか我にあらんや

人生の余分なものを削り落とせば、究極は、この詩のようなものかも知れません。余分なものとは、人間の持つ欲のことです。ただ、生きているだけでは、我々凡人は、とても、満足することが出来ません。色々な物が欲しくなります。

文明が進化する以前の人間の生き方は、衣食住があれば、それでほぼ満足出来ました。現代の文明社会では、この程度の需要は、自給自足で賄うことができます。金など少しも必要としません。

文明が進化し、生産力は拡大の一途を走り続けています。造り出したものを売り捌くために、人間の欲望を刺激し続けます。一度芽生えた欲望は、満足させない限り容易には納まりません。何処までも、人間を攻め続けます。人間の力には限界があります。如何に消費力を高めようとしても、人間はそれに応じ切れなくなります。それが資本主義の限界になります。

九　社会

人間は、一人では生きることができません。勿論、子孫を残すこともできません。人間が何らかのつながりで集った集団が社会です。一般には、成人して、職業を持って働くようになることを、社会人になるといいます。社会というものについて、考えてみます。

人間が生まれると同時に、所属する社会が「家族」です。そこは、親、兄弟、祖父母など「血縁」というつながりの人間集団です。家族社会がある場所は、家族が生活する家庭です。この社会は独特で、「共生の社会」です。

人間には、氏と名があります。氏は、家族を現すもので、先祖代々使われてきたもので、「家系」というもので、血筋とも言います。家系のもつ意味の重大さは、今日では、DNAというもので立証されています。夫婦別姓を唱える者がいます。姓とは血統を表わすものです。

次が、学校社会です。保育園、幼稚園、小学校、中学校までの約十年あまり、地域に住む同年の子供たちが、一緒になって学習や遊びをします。この社会での生活経験は、人生の貴重な財産です。この学校に、子弟が通う地域を学区といいますが、地域社会の基盤を強固にする要因でもあります。

高校は、現在では、ほとんどの子弟が進学しますが、義務教育ではなく、学区も有りません。人生にとりましては、青春という多感な年代、心の通う仲間と過ごす三年間は、卒業と共にやってくる大人の世界に対する不安と期待が入り混じった独特の社会生活です。

一時、大流行した歌謡曲の「高校三年生」は、この年代の若者の心情を表したものでしょう。

人間は、学業が終了すると、職業を求めて働きます。そこが職場社会です。職場は、経済活動が目的の社会です。職場社会は、原則的には、経済効率が最優先の社会なので、人間関係はその目的に従って組織化され、その枠の中に組み込まれます。「うちの会社は、血も涙もない」などといいますが、血や涙に拘っていては、効率のよい経済活動ができません。かつては、家族的温かみのある組織を大切にした企業もありましたが、競争が激しくなり、悠長なことが言えなくなったのです。退職すれば職場社会から離脱します。

通常人間が職業に就いて働く期間は、約四十年、この間は、家庭と職場の往復になります。所属する社会は、家庭と職場社会です。

老後は、一般的には、所属する社会は、家族社会だけになります。共に暮す家族が居なければ、社会はなくなります。「独居老人」です。悲観することはありません。地域社会があります。

地域社会は、地域に居住する者の集合体です。生まれたときからそこに居住する者、結婚などにより地域の住人になった者、他の土地から移住して来た者など事情は様々です。地域社会には、「町内会」や「自治会」などの組織があり世話役もおりますが、組織の運営は極めて緩やかなものです。僅かな会費を払う程度です。

産業の主なものが、農林漁業中心の時代、地域社会の住民は、同じ職業でした。集落には、「鎮守の神」があり、毎年、日を決めて祭礼を行います。親戚や親しい人たちが着飾って、客としてやってきます。娯楽の少なかった時代、子供の心に、楽しい思い出として、浸み込みます。成人して、この地を離れた者にとりましては、生涯忘れることのできない思い出です。職業の都合で、生まれた土地を離れて暮していても、老後は、生まれ育った故郷に帰って、余生を送るのが、一番良いのではないでしょうか。幼い頃の友達がたくさんいます。

社会は人間が集って構成するものです。したがって、人間の質によって、社会の品格が決まります。また、人間社会の質は、米の品質によく似ていると申しました。一等米の中に、一握りの不良米が混入すれば、米全体が、劣等米になってしまいます。

現代の日本の社会が正に、不良米が混入した状態の社会です。現実を見てみましょう。

「いじめ」、徒党を組んで弱い者をいじめる。これは、日本人が一番嫌った、「卑怯」ということです。「殺されても卑怯者だけにはなるな」、と教えられたものです。いじめられた子は自殺する。生きる力がないのです。こんなことが天真爛漫な子供たちの集まりである小・中学校で頻発している。教育関係者たちは、何年たっても防ぐことができない。教育者としての能力がないのでしょう。

「ひきこもり」。ニュースによると、一〇〇万人以上の引きこもりがいるという。生きる社会がないのです。たぶん、親の世話になって、生活しているのでしょう。将来の生活の不安を抱えているはずです。救済しなければなりません。そうなった理由はいろいろあるでしょう。取り除かなければならないのは、原因です。「生きる力」が弱いのです。健康で知恵も正常ならば、生きる気力を強くすることです。第一歩は、仕事をさせて、何がしかの金を稼がせることです。

「無法者」。日本という国は、世界から、何千万人という観光客が来るほど、豊かで、風光明媚な国なのに、この国に住む人間たちの間では、様々な形の悪事が頻発しています。法律で禁止している悪事を犯す者が、国家の上層部から、社会の底辺に蠢《うごめ》く輩まで、例外なく、続出している。品格は最低の社会になってしまいました。

無法者は、法律で防ぐことはできません。心を入れ替えなければ駄目でしょう。

古くから、人は支えあって生きるものだということを教えるために、「人」という文字を引き合いに出しました。

生まれて、成長するまで親や家族やその他、沢山の人の世話になります。人手だけではありません。衣・食・住・医薬その他の物品でも、間接的に誰かの世話になっています。

成人したら自立して働きます。直接の目的は、家計を維持するためです。結果的には、沢山の人の役に立って居るのです。成人しても、何かの事情で、働けなくなることがあるかも知れません。その時は、家族や地域の人や行政の世話になります。

老後は、誰でも生きる力が弱くなります。肉体的にも精神的にも多くの人の世話になります。これが人間の一生の正常な姿です。特に、心のつながりは、欠くことのできないものです。会話は心の呼吸だと申しました。会話がないと心が窒息してしまいます。

高齢者に限らず、若い人でも精神的に「孤立」した人間が多くなりました。溶け込む社会がないのです。

社会がないと、人間は生きることができません。入り込む社会を失ったときは如何すればよいか、考えて見ましょう。

学校社会からはみ出ると、不登校です。不登校の場合、家族社会があります。子供を学校に通わせずに、育てて、有名大学に合格させた実例が報道されたことがありました。こんなことは、稀なケースでしょう。家族がそこまで手をかけることは難しいことです。

まず、社会の最小単位である家族という存在が希薄になってしまいました。家族の人数が少な過ぎます。平均四人以下です。これでは、社会というには、余りにも寂しいでしょう。三世代が揃っていれば、家庭が、社会としての幅も奥行きも深くなります。子供たちが、親に叱られても、祖父母が居れば、慰めてやり、別の言葉で、ものの道理を諭します。その様にして子供は、人間として成長します。このように、社会の基礎である人間を造る家庭が、核家族化によって、ほとんど消滅してしまいました。敗戦後、世の識者といわれる人たちの多くが、民主主義・自由主義の名の下に、核家族化を推進したのです。実際には、民主主義・自由主義とは次元が違う問題なのです。

更に、大切なものを失いました。「家名」という価値観です。氏《うじ》は、聞くところによれば、全国で二十万種あるといいます。身のまわりにも、同じ氏は沢山あります。しかし、わが家の氏は、世界にただ一つなのです。氏は、単なる苗字ではありません。我が家族を表す名称です。この名称に対する誇りを持つことが大切なのです。「家名を大切にする」この精神が、人間を毅然《きぜん》たるものに育てるのです。

過去も無ければ未来もない。今があるだけ、という人間が多くなった原因は氏というものの存在を無視するようになってからです。

人間の本質を知ることは、人生を無駄にしない爲には、不可欠です。繰り返しますが、人類が七百万年前から進化を始めました。現在も、進化を続けていると思いますが、極めて遅々としたものです。文明だけが先行しても困るのです。適度の進化でなければ人間との距離が開くだけです。文明に引き摺られた人間は立って歩くことができなくなります。

人々が、同一地域を生活の基盤としている社会が「地域社会」です。地域は、行政的には、市、区、町、村です。住人が理解し合える規模を考えると、地域社会の大きさは、「一学区」程度が現実的です。

小学校というところは、子弟を教育するところですが、そこに通う子供たちは、お互いに兄弟と同様に心の中まで知り合いになります。親たちは、子供を媒体に、沢山の地域の情報を共有することができます。人々の心のつながった、地域社会が育つ素地ができます。

地域社会を人生の場とする為には、人間の絆を強めて、郷土愛を育てなければなりません。基本は、隣人愛です。金だけが中心の現代の日本には社会がなくなりつつあります。

学校教育が進み、科学や先端技術の知識が豊富になりました。同時に、職業が多種多様になり、経済的格差が大きくなりました。地域社会の中の住人も、様々な格差が生じるようになりました。格差が障壁となって、地域の連帯感が薄れてしまったのです。教育レベルや経済力などの格差が大きい家族が集って、造る地域社会は、ものごとの、基準をなるべく、低い方に設定しなければ、なりません。全ての住民が、目線を低くして、人間交流することが原則です。

「素朴さ」です。

「郷に入れば、郷に従え」これは、地域社会を円満に育てるための基本です。

地域社会には、長い歴史があります。始まりは、多分、農耕の始まった弥生時代まで遡るでしょう。

農耕社会は、集落を造り、作業を共同する事によって、繁栄してきました。そこは、老若男女全てが混在した社会です。職業も職場も同じで、生活の場が隣接していました。必然的に、地域社会は、まとまります。

現代は、職場は企業に変わりました。ほとんどが、住居地と職場の距離が遠くなりました。「通勤時間」と「職業の多様化」、これが現代社会の最大の問題です。時間と距離をどの様に克服するか大きな問題です。

家族と職業の関係を考えるために、一つの実例を挙げてみます。

学友に、成績優秀な男が居ました。東北地方にある有名な大学を出て、大手企業に就職したところ、勤務地が本州の西の方に決まりました。親の居るところは、神奈川県です。親は、自宅からの通勤を望んでいました。大切な家族の一員です。多分、話がまとまらなかったのでしょう。父親が現地まで行って、会社と話し合って（?）息子を連れて帰ってきました。昭和三十年代の初め、就職難の時代です。「え!」と思いました。それから、六十五年、心の中から消えることがありません。家族というものについて、最初に、考えさせられた話です。

社会を構成する人間には、種々雑多な者が混在しています。特に、地域社会は、人間には居住の自由がありますから、住居さえ手に入れば、自由に居住することが出来ます。この居住の自由が、地域社会の特性の一つでもあります。地域社会に暮すひとたちは、隣人を選ぶことが出来ません。これが居住することが基本の地域社会の最大の特徴です。ただ受け入れるだけです。地域社会は、居住するだけでは成り立ちません。地域には、様々な取り決めやしきたりがあります。それに従たがうことが条件になります。いわゆる、地域への溶け込みです。

現代は、格差の時代です。しかし、よく考えると、格差と言っても、その差は微々たるものです。その微々たる差に、人間たちは、大騒ぎをしているようです。先に申しました。人間の群れも、少し離なれて見れば、蟻の群れのように、皆同じに見えると。「一人前」という言葉があります。この基本が大事なのです。

都市という社会は人間にとって、優しい社会ではありません。むしろ、人類に過酷な社会です。昔の人が言った「江戸は、生き馬の目を抜くようなところ」と。人間にとって少しの安らぎもありません。又、「秋深し、隣は、何をする人ぞ」現代では、どんな危険が住んでいるのか分かりません。そんな「都会」の片隅で、手に入れた住居は、朝晩寝起きするだけで、隣人の顔すら分からない。子供は成人すれば、出て行って、別の処に棲家を造る。まさに、ひな鳥が巣立った古巣です。現実に、都市の住宅の二〇％以上が、空き家だという。この空き家が、次々と壊されるか、売却され、単なる物として循環しています。人間の心も文化の伝承も生きた証も残りません。こうして社会は失われていきます。社会を失った人類は、どうなるのでしょうか。

都会は、子供を育てるところではありません。自然がないからです。自然のないところで育つ子供はどんな人間になるのでしょうか。都会は、成人だけの社会です。子供や老人には不向きな社会です。

国家には牧場の柵のような枠組みがあります。この枠組みの中で、三権分立という、政治理念による政治組織を造り、国民を管理しています。民主主義国家においては、国の主権は、国民にあります。確かにその通りです。しかし、国民は、選挙によって、その主権を他人に差し上げて、管理していただいているのです。

国民を、統治し、管理しているのは、政治家と官僚です。統治の基準となる憲法を初め様々な法律があります。法治国家です。原理は「自由と民主」です。スケールが大きすぎて、網の目は、極めて粗くなります。組織ですから、人間のような心はありません。網の目から落ちた弱者や社会の底辺にいる人間は落ちたままです。このような人たちまで包み込めるのは、家族社会と地域社会です。その社会の存在が危うくなっているというのです。

社会が無くなれば、救われない人間が沢山できます。困った時代です。

社会と名の付く人間の集団は幾つかありますが、本当の社会は、生まれてから、死ぬまで、人間らしく安定した生活ができるところです。地域社会は、子供も老人も、住民の全てを受け入れて、人間として包んでくれます。

人間は、人生を通して、様々な社会との係りをもって生きています。社会とは、人生にとって無くてはならないものです。良い人生を生きるために、良い社会と良い関係を持つことを大切にしなければなりません。

十　実像と虚像

実像とは、現実に存在するものです。虚像とは、実際には、存在しないもので、人間の知能の中に浮んだ想念、「空想」です。この世界には実在しません。「絵に描いた餅」は昔から虚像の代表的なものです。

例外もあります。いのちと、時間です。知覚することはできませんが、存在はします。

さて、「虚像」について考えてみましょう。存在するはずの無い虚像が大手を振って、この文明社会を、闊歩しています。しかも、昼、日中に、です。そして、沢山の人間を煙に巻いて、幻惑しています。幻惑された人間たちは、実在しない虚像を追って、走り回っています。

浦島太郎が、助けた亀に連れて行かれたという、竜宮城は、海の底です。水中で生きることなどできません。孫悟空という猿は、「觔斗雲《きんとうん》」という料理の金団に似た形の雲に乗ると、一瞬にして、一〇〇〇〇里の彼方まで飛ぶと言う。最速のジェット機の速さがマッハ三、一瞬で飛ぶ距離は一〇〇〇メートルです。

存在しないものを、あるように見せるのが虚像です。その技術が非常に進歩しました。沢山の、大人や子供が、虚像の世界に引き込まれています。人間の頭の中で実像と虚像が混線しています。

出鱈目《でたらめ》とも言うべき空想は、純粋な心の幼児を相手にして聞かせた、寝物語です。罪も無ければ、責任もない話です。子供は、面白がって、笑いながら眠りに就きます。故に、「お伽話し」と言って、長い年月、子供に与える玩具の代わりに、語り継がれてきました。

今、大人たちが、しかも、日中、このお伽話しのような、虚像を追って走り回っています。人間の良心は無防備です。欲は無警戒です。攻められると脆いものです。良心や欲望をも持った沢山の人間が、虚像という魔術の虜にされています。

此処で言う「実」とは、全部が人間の役にたつものです。「虚」は、役に立たないものです。元来、虚は人間の心の中にあって、心が楽しむもので、「遊び」です。

仙人は霞を食べて生きるという。人間は実物が無ければ生きられません。実物は、生命を維持するためのものです。基本的には衣食住です。この実が満たされると、次は、虚という心の遊びを求めます。知能が発達したためです。しかし、現在の人間の多くは、知能の発達が未完成な段階なので虚というものを使いこなすことができません。

長い人生には、様々な苦労があります。それが人生というものだと、達観するまでは、苦労の少ない楽な人生を望みます。その楽な人生の様々な場面を虚像として展開すると、達観していない人間は、虚像が実在するかのような錯覚に陥り、実像と虚像の区別が付かなくなります。

今日、企業の生産力が、進歩向上したため、社会に供給される商品は、需要を大きく上回るようになりました。消費者にとりましては、まことに嬉しい時代です。街には、あらゆる商品が、豊富に出回っています。特に、生活必需品は、割安の価格です。競争の原理が働いているのです。その結果、売り上げは頭打ちです。

生産者は、競争に勝ち、売り上げを増やすために新しい商品を開発します。「価値の質的拡大」と遊びの心をかき起こす「虚飾」です。

消費者の需要を相手にした、実用価値の拡大には限界があります。虚飾は心が相手です。無限の空間のようなものです。今日の市場には、分厚い虚飾に身を包んだ商品が目白押しに出回っています。伸びた毛に覆われた羊のようです。本体は小さなものです。

「実」である日常生活にゆとりができると、より多くの潤いを求めるのは、自然の成り行きです。それが文化の発展をもたらしました。

文明が実なら、文化は虚の世界です。堅実な生活を考えるならば、実と虚の割合は、七対三位でしょうか。虚の比率が増すに従って、人間も社会も、脆弱になっていきます。「質実剛健」から「虚弱体質」に変わります。

現代の社会を見ると、この比率が逆転して、三対七か、それ以上のような感じがします。その原因を探して見ましょう。

「実用品」は必要な量だけ有れば人々は、それ以上要求しません。商品なら、売り上げの限界です。「虚飾」は、人間の心です。制限がありません。何処までも、拡大します。金儲けの手段には、絶好の商品です。あらゆる手段を使って、純情な人間を虚の世界へ引き入れています。

「夢」というものがあります。純情な子供は、夢の中に、現実を求めます。大人は、現実の中に、夢を求めます。これが、過去の時代の遺物になりました。大人も夢の中に生きるようになりました。「漫画」によって育てられた世代です。働く意欲や生きる気力の無い人間が増えたのがその証拠です。

虚像を主体とする産業が花盛りです。虚像を売り物にして、大衆を動員することが容易な時代になったのです。ＩＴ技術の発達です。それが娯楽産業です。映画や劇場、スポーツ観戦、巨大な遊園地、航空機の発達による海外旅行など、虚業が花盛りです。それだけ生産性が向上して、世の中が、物質的に豊かになり余裕ができたのです。

物が豊かになり、生活に余裕ができれば、人間の心の品格が上がるかというと、そうでもないようです。むしろ悪くなっています。無意識の悪です。

映像は、人間に対して、この世に存在しないものや、真実でないものを、恰も、存在し、真実であるかのごとき錯角を起こさせる道具に利用されます。分かり易く言えば、人を騙す道具に使われる場面が大変多いということです。虚像と実像の判別ができなくなった大衆は、雪崩を打つように殺到します。その陰で無力化した人間が増加し、社会が劣化しています。

生まれた子供の頭脳は、白紙のようなものです。入って来る情報を、素直に受け入れ吸収します。吸収した、情報を根拠に、自らの人格を形成し、価値観を設定します。そして成長していきます。虚像に囲まれた生活をすれば、虚像が現実に見えてきます。実際の人生は、生存のための厳しい現実に囲まれています。その現実を知らずに成人した人間は、現実に向き合うすべが分かりません。途方に暮れるだけです。「可愛い子には、旅をさせる」が必要だったのです。成人してからでは、どうにもなりません。

子供を育てる環境は、虚像ではなく、実像でなければならないのです。

あとがき

人間は生きることが人生で、生きる場が社会です。ただ一度の人生をより良く生きる為に、主体である人間と、人間を取り巻く環境の時代と社会について、その正体を知ることが大切です。人間には、知能というものがあり、沢山の人間が集る社会には、長い間に積み重ねられた文明や文化があり、日々進化しながら、時間の流れにのって、時代というものは流れて行きます。

本書に取り上げた幾つかの項目、どれ一つをとっても様々な姿が見え隠れしています。その正体を見極めることは、容易にできるものではありません。

本書では、人生と文明社会について、常識という切り口に光を当てて見ました。学問のスタンスからは見え難い角度です。生を受けて八十六年、その間、悲惨な戦争によって多くの国民が、生命を失い、残った人々は、困窮した日々の暮らしに耐えて日本という国を復興させ、世界でも屈指の豊かな社会をつくりあげました。

時代の流れに沿った人生の中で、自ら体験したことや、見聞したことを頼りに、世の中を眺めてみると、いろいろな思いが浮んできます。

戦争、亡国、復興、繁栄、その次に来るものは何か。それを思うとき、熟れた果実や、大きく繁った大木の姿が彷彿としてきます。


社会が如何に進歩しても、そこに生きる人間は、常に、ゼロからのスタートです。先人たちの残した文明の恩恵に浴すには、その為の、人間の基礎が必要です。基礎を造らずに、恩恵だけを手に入れようとすれば、正に、砂上の楼閣で、倒壊の憂き目に合うことになります。

若い頃、漁業に従事し、沖で網を引いていると、初めは、網の目が粗いので、魚は自由に網の目を行き来します。網が絞られてくると、それができなくなり、運命が決まります。

人生にも、似た様なことは沢山あります。これを防ぐには、物事を見極める知恵が必要です。知恵があれば、目で見ることのできないものを心で見ることができます。


時間の流れは無限です。終点や目的地など、何処にもありません。急いでも意味がありません。それが分からずに、人間たちは、あくせくとしている。地球上に、七〇億もいる人間たち、少し離れて見れば、地上を這う、蟻の群れと同じです。

人生の生き方の基本は、身の回りの世事に心を奪われることなく、人間や時代、そして社会の正体を見極めることです。

この書を読んでいただいた方々の中に、頷かれる方、又、色々と違和感を抱かれる方も居られるでしょう。それは、人、それぞれが持つ価値観や、人生観の違いから来るものです。

この書を書くに当たっては、全て、生きてきた時代や社会の姿を、薄れかかった記憶の中から引き出したものです。間違いや、辻褄の合わない分部が沢山あるかも知れません。意味するところをご賢察の上、ご一読戴ければ、幸いです。

令和元年九月　　湘南海岸にて

山田耕治（やまだ　こうじ）
1933年神奈川県秦野市に生まれる。
東京水産大学(現東京海洋大学)卒業。
北洋遠洋漁業、日産生命、日本NCR勤務。
ショッピングセンター経営、商業コンサルタントを経て、自適に暮らす。

文明の進歩は人間を劣化させ人類を滅ぼす

2019年11月7日　初刷第1版

著　者　山田耕治
発行人　日吉尚孝
発行所　株式会社五曜書房
〒101-0065　東京都千代田区西神田2-4-1　東方学会3F
電話　(03) 3265-0431
振替　00130-6-188011
発売元　星雲社（共同出版社・流通責任出版社）
東京都文京区水道1-3-30
印刷・製本　株式会社太平印刷社
ISBN978-4-434-26702-4
